U0960351

企业管理人员核心技能开发

蔡厚清　著

天津大学出版社
TIANJIN UNIVERSITY PRESS

图书在版编目(CIP)数据

企业管理人员核心技能开发 / 蔡厚清著. -- 天津 : 天津大学出版社, 2023.12
ISBN 978-7-5618-7643-5

Ⅰ. ①企… Ⅱ. ①蔡… Ⅲ. ①企业管理－研究 Ⅳ. ①F272

中国国家版本馆CIP数据核字(2023)第231047号

出版发行 天津大学出版社
地　　址 天津市卫津路92号天津大学内（邮编：300072）
电　　话 发行部：022-27403647
网　　址 www.tjupress.com.cn
印　　刷 天津泰宇印务有限公司
经　　销 全国各地新华书店
开　　本 787mm×1092mm　1/16
印　　张 8.75
字　　数 145千
版　　次 2023年12月第1版
印　　次 2023年12月第1次
定　　价 39.00元

目　　录

第一章　绪论

第一节　研究目的及意义

2021年9月27至28日，中央人才工作会议在北京召开，这是21世纪以来我国第一次最高规格的人才工作会议。习近平总书记出席会议并发表重要讲话，他强调："当前，我国进入了全面建设社会主义现代化国家、向第二个百年奋斗目标进军的新征程，我们比历史上任何时期都更加接近实现中华民族伟大复兴的宏伟目标，也比历史上任何时期都更加渴求人才。"我国经济社会的发展需要企业大力发展，这就需要有一支高素质的管理人才队伍。

在当今市场环境下，企业间的竞争越来越激烈，企业要在竞争中获取优势，健康发展，必须高度重视企业第一资源——企业人力资源的开发与利用。为此，必须首先开发企业管理人员的技能，只有企业管理人员的技能水平提高了，他们才能建立健全企业管理制度，充分发掘和释放企业人力资源的潜力，使企业充满生机。我国目前企业管理人才还较为缺乏，加强企业管理人员开发显得尤为重要。

虽然我国企业逐渐意识到管理人员开发的重要性，正在开展前所未有的大规模培训，但培训效果却不太理想。究其原因，一是不清楚管理人员到底需要哪些技能才能胜任工作，导致培训内容不切实际；二是培训方法虽然多种多样，但却无法解释哪些方法能够提升哪些技能，亦即其中的作用机理还不甚明了；三是对管理人员的技能水平还没有一个明确的分级标准，导致培训前后的变化无从测量。

在有关企业管理人员开发的诸多理论中，管理人员素质理论相对而言是研究得最为充分的，各种理论不断出现，呈现出百花齐放、百家争鸣的局面。这虽丰富了对企业管理人员素质的认识，但也给企业管理人员开发实践带来了困扰，不利于为企业管理人员开发活动找准方向，深入进行。目前，企业管理人员开发方法主要有讲授法、案例教学法、户外训练等，这些方法各自能达到什么目的，应该如何使用，也还需要作进一步的深入研究。

鉴于新时代背景下企业管理人员开发的重要性以及企业管理人员开发理论与方法研究的相对滞后，本书探讨企业管理人员核心技能及其开发，为企业管理人员开发理论建设及实践活动所急需，有着重要的理论及现实意义。

第二节　国内外研究综述

一、国内企业管理人员素质研究

1. 李悦及孙彤的七类素质论

李悦及孙彤（2000）提出企业家应具备以下七类素质：①政治素质。以为人民服务为宗旨，以消费者为上帝；有较高的理论和政策水平；有自觉的法制观念。②思想素质。有强烈的市场观念和效益观念；有雄心壮志和敢冒一定风险的精神；有艰苦奋斗、自力更生的作风；有实事求是、追求真理的科学态度；有民主意识和群众观点，能坚持民主集中制。③道德素质。一切以事业为重，诚实、可靠、令人信赖；忠于职守；清正廉洁，守纪律，顾大局；平等待人，严于律己；有自知之明，心胸宽广，宽以待人。④知识素质。有现代的科技知识和现代的经营管理知识；有广博的知识面和较丰富的生活和工作经验。⑤能力素质。能高瞻远瞩，知人善任；有创新和应变能力；有统帅全局和多谋善断的能力；有组织协调和公关能力。⑥身体素质。有健康的身体，有旺盛的精力。⑦心理素质。胜不骄，败不馁；精神饱满；乐观、自信、事业心强；有强烈的成就欲望，不断进取。

2. 石金涛、冯羡诗及王莉的四类技能论

石金涛、冯羡诗及王莉（2002）通过对多家企业不同层次的管理人员的调查数据做因子分析，得出企业管理人员应具备以下四类技能：①领导与激励技能；②计划与组织技能；③决策与创新技能；④专业与控制技能。领导与激励技能包

括:为工作群体提出使命和共同的远景,正确评估每个下属的能力,激励下属积极创新,通过冲突的解决以促进相互了解,以公平的方式对待下属等。计划与组织技能包括:拟定短期和长期计划并根据计划来执行工作,努力满足顾客需要,行为始终符合原则、信念和价值观,将团体目标放在个人目标之上,为实现团体目标做出贡献,建立高质量的产品和服务标准等。决策与创新技能包括:预期未来的问题,并查明原因和可能产生的后果,在不确定和有风险的情况下及时决策,在作决策时考虑市场环境、竞争者、未来目标和公司的长期繁荣,超越现况,采用新观念等。专业与控制技能包括:掌握产业中的最新知识,并使自己成为所属专业领域的专家,建立数量目标,确定预算,并运用量化信息来监控工作过程,强调利润目标等。

3. 王重鸣及陈民科的胜任力特征论

王重鸣及陈民科(2002)通过对我国5个城市的51家企业中的220名中高层管理人员的调查发现:正职管理人员的胜任力特征包含价值倾向、诚信正直、责任意识、权力取向、协调监控能力、战略决策能力、激励指挥能力和开拓创新能力等8个要素;副职管理人员的胜任力特征包含价值倾向、责任意识、权力取向、经营监控能力、战略决策能力和激励指挥能力等6个要素。正职与副职相比,其胜任力特征更加突出了诚信正直和开拓创新能力这两个要素。正职作为一把手需要承担全面管理责任,因而诚信正直和不断创新发展,成为从容面对激烈竞争环境和实现可持续发展目标的关键胜任力条件。正职的战略决策能力最为关键,而副职的责任意识更为重要。正职的主要任务是抓战略制定与经营决策,尤其是企业长远发展的战略性决策;而副职的主要任务是切实落实决策。

4. 赵曙明、白晓明及赵宜萱的三类胜任素质论

赵曙明、白晓明及赵宜萱(2015)提出企业家应具备以下三类素质:①基础胜任素质——做人。做人的核心是诚信及道德,“做人”素质水平高的企业家,具有较高的诚信水平和道德水平。诚信要求人们能够规范和约束自己的行为,从而推动自己人格的完善和发展。目前,越来越多的企业已经开始将人本关怀的道德准则作为其经营理念,道德开始被视为能够给企业带来价值的特殊的生产性资源。②能力胜任素质——整合、学习、创新的“能力循环”。整合能力包括整合时间，借鉴别人的方法和手段进行技术上的改造，搭建企业互相合作的平台，整合社会关系和社会资本的能力。学习能力是指企业家不仅要不断积累自己在经营管理中所获取的知识，还要能够去学习和模仿别人的成功经验与做法，而且更要敢于突破与超越自己与别人的成功经验与做法。创新包括产品创新，管理创新，文化创新，是企业家的基本职能。③目标胜任素质——平衡。对于企业家而言，追求企业的综合绩效与个人的职业幸福感及生活幸福感是存在一定程度的一致性的。因此，企业家应该将追求企业的发展与个人的生活及职业幸福平衡地结合起来，应具有平衡此二者的胜任素质。

5. 贾旭东及解志文的企业家核心能力论

贾旭东及解志文（2023）通过对 1 位企业家的纵向案例研究以及与其他 31 位中国杰出企业家的二手数据的比较研究发现企业家的核心能力由洞察力、意志力、包容力、省觉力和价值力 5 个维度构成。洞察力是指企业家透过人和事物的表面现象准确认识其本质的能力。意志力是指企业家虽然不断经历失败和痛苦，但依旧不放弃的毅力、坚韧性及持之以恒的精神。包容力是指企业家心胸的开阔度以及对事物的承受能力，对人的包容力和对事的包容力。省觉力是指企业家觉知自我、正确认识自我，进而对自己的思想、语言和行为进行反省和修正的能力。价值力是指企业家对自己的个人价值观自觉认知、不断完善、积极提升和坚持追求的能力。

二、国外企业管理人员素质研究

1. Katz 的三类技能论

Katz（1955）认为有效率的管理人员应具备以下三种技能：技术技能、人际技能及概念技能。技术技能是指具有专门活动领域的知识，分析能力及专业工具的使用能力（本书沿用素质研究中的做法，对技能及能力不作区分，下同）。会计、音乐演奏者、外科医生所拥有的技能是技术技能的典型代表。相对于人际技能及概念技能，技术技能最为具体，绝大多数的职业教育及在职培训都与技术技能相关。

人际技能是指管理人员作为小组成员有效开展工作，以及建立团队，促进团队合作的能力。技术技能主要用来与物打交道,人际技能主要用来与人打交道。人际技能表现在管理人员如何看待并意识到他是如何看待他的上司、同事及下级,以及相应的行为上。人际技能强的管理人员能:①理解对方言行的真实含义,也能知晓他自己的言行在特定情形中的含义,能与他人有效沟通;②建立起让下级不惧苛责和嘲弄,自由发言的氛围,鼓励下级参与到影响到他们的事务的规划及执行中来;③敏锐感知他人的需要,判断他人对自己要采取的措施的看法及可能的回应,这样,他就有能力也愿意在其行为中考虑他人的需要。Katz 认为人际技能是一种素养,表现在管理人员日常的言行之中,不似衣服,人需要时就穿上,不需要时就脱下。

概念技能是指管理人员形成企业运行的整体观的能力。该整体观包括:①对企业各部门情况及各部门相互关系的清晰认识;②对企业某部门内部的异动以及该异动对其他部门及整个企业的影响的清晰认识;③对企业经营的行业环境、市场、消费者、社区、投资者等情况的清晰认识;④对企业外部的社会、政治、经济、文化、技术、自然等环境的清晰认识。

Katz 认为概念技能包含技术技能及人际技能,在现实中这三者是交织在一起的,难分彼此,但将它们分开来看仍是有意义的。技术技能对基层管理人员最为重要,管理层级越往上升,技术技能的重要性越低;对于高层管理人员,如果其概念技能及人际技能足够好,其技术技能几乎不再需要,这可从优秀的管理人员从一个行业转移到另一个行业依然能有效管理中得到验证。

2. Butcher 及 Harvey 的元能力论

Butcher 及 Harvey(1998)根据他们多年从事管理人员开发活动的经验认为存在一种支持管理人员知识及其他技能有效发挥的一类能力——元能力(Meta-ability)。元能力包括认知能力、自我认识能力、情绪弹力(Emotional resilience)及个人发展动力。认知能力包括认知的复杂性、灵活性以及对人际关系的意识能力,旨在保证管理人员看清形势,审时度势,系统深入地分析问题。自我认识能力是指能像旁人看你一样认识自己,知晓自己的动机、价值观、自己的需要与他人需要的差异的能力。情绪弹力包括有效管理自己各种情绪及情绪冲动的能力,以及恰当应用情绪、应对压力及逆境、保持心态平衡的能力。情绪弹力能使管理人员集中精力，处理复杂的情感事务，迎接挑战。个人发展动力指对成功的态度及自我激励能力，包括承担责任、风险。个人发展动力促进管理人员集中精力，并激励他人，以实现目标。

3. Pedler，Burgoyne 及 Boydell 的十一种素质论

Pedler，Burgoyne，Boydell（2001）根据他们的调查及研究认为成功的管理人员具有以下十一种素质：①所在组织的基本知识，包括组织目标及计划、产品知识、组织中的分工关系等。②相关的职业知识，包括技术知识、法律知识、管理的基本知识等。③对相关事件的敏感与持续关注。这些事件包括基本事实、数据，也包括人际交往中的感觉。④分析、判断及决策能力。⑤社会性技能，包括沟通、授权、谈判、说服、处理争端等人际交往方面的技能。⑥情绪弹力。不被挫折压倒，能很快摆脱负面情绪，保持自我控制的能力。⑦用长远的眼光回应突发事件的能力。具有使命感、责任感，而不是仅仅应付工作。⑧创造能力。能用新颖的方法去处理事务，具有宽阔的视野，并能发现、吸纳他人的新观念。⑨头脑敏捷。能迅速地抓住问题，同时思考多个问题，并能快速从一个问题转换到另一个问题以及全面思考，从根本上思考问题的能力。⑩学习能力。能独立学习，广泛接受知识，积极思考，能将经验上升到理论，也能将理论与实践结合提出自己的主张，对管理技能的性质也有较为全面的认识，而不是将管理技能限定在很窄的范围内。⑪自我知识。对自己的目标、价值观、优缺点、自己在组织行动中的影响等有较好的认识。

4. Colins 的第五级领导论

Colins（2001）认为人的能力可以分为以下五个级次：①高效率的个体，能利用自己的知识、技能、良好的工作习惯完成自身工作，对组织做出贡献；②高效率的队员，能与他人有效合作，促进团队目标的实现；③称职的经理，能组织人员及相关资源实现预先设置的目标；④有效的领导，能激励组织成员充满活力地去追求清晰的、有挑战性的组织目标；⑤第五级领导，具有谦虚（humility）与执着（will）的品质，能使组织从好变成卓越。Colins 及其团队尝试回答是什么因素促使一个企业从好走向卓越这一问题，他们利用五年时间分析了 1965—1995 年间的 1435 家财团中 500 强企业，从中找出 11 家由好走向卓越的企业，发现这 11

家企业的领导人都有着两个共同的特征:谦虚与执着。谦虚的典型例子是这些领导人在接受访谈时只谈公司的成就及同事的贡献,而不谈他们自己的贡献,并认为是公司员工成就了公司,而不是他们个人。执着的典型例子是一位公司的领导人早年在日间工作时失去了一个手指,而他晚上继续到夜校里去学习,第二天还照常上班。

5. Hogan 及 Warrenfeltz 的四类技能论

Hogan 及 Warrenfeltz(2003)认为管理人员的技能可分为以下四类:自我管理技能(Intrapersonal skills)、人际关系技能(Interpersonal skills)、领导技能(Leadership skills)、商业技能(Business skills)。自我管理技能的开发较早,并对成年时期的职业发展具有大的影响,它主要包括以下三方面的内容:①自我尊重。自尊观念强的人心态较为稳定,不易受挫折;②正确对待权力(Authority)。对权力有积极心态,易于服从纪律及程序;③自我控制能力。自我控制能力强的人能专注于目标,脚踏实地。人际关系技能包括以下四个方面的内容:①换位思考;②正确预计他人的需要;③使自己的行为与他人的需要合拍;④长期专注于他人的需要。领导技能包括以下四个方面的内容:①鉴别及招募有才能的人;②训练队伍;③激励;④建立共同的愿景。商业技能包括计划制定、成本及收入预测、绩效评估、成本控制、战略管理等方面的内容。Hogan 及 Warrenfeltz 认为,相对于其他技能的开发而言,商业技能是最后开发的,也是最容易开发的。

6. Mumford,Todd 及 Higgs 等的九种认知技能论

Mumford, Todd 及 Higgs 等(2017)提出管理人员应具备以下九种认知能力:①问题界定。界定问题需要领导者积极努力地去收集内外部信息。有研究表明收集外部信息有利于成功开发新产品,收集内部信息有利于识别日常经营问题。②原因及目标分析。对原因的深度分析会对结果产生积极影响,对多种可能的目标的细致分析也将有助于目标的正确设置。③限制性因素分析。现实问题是复杂的,企业的性质与结构,问题的性质,以及利益相关者都会影响问题的解决,因此解决问题需要对限制性因素进行深入细致的分析。④筹划。对未来的情形进行模拟,加以想象。⑤预测。对初步形成的方案的结果进行预测。⑥创造性思维。对方案实施可能遇到的问题创造性地提出预防措施。⑦措施评价。对所有可能的预防性措施进行评价。⑧经验智慧。所采取的预防措施是否适宜企业的具体情形,需要管理人员有相应的经验智慧。⑨形成愿景。充分考虑下级的意愿,形成共同的愿景。

7. Whetten 及 Cameron 的十种能力论

Whetten 及 Cameron(2020)认为管理人员应具有以下十种核心管理技能:①自我意识;②压力管理和幸福管理;③创造性地解决问题;④支持性沟通;⑤获得权力和影响力;⑥激励员工;⑦冲突管理;⑧授权与委托;⑨建设有效的团队;⑩领导积极的变革。Whetten 及 Cameron 认为管理能力是一组行为,具有可控性、可开发性,它们是相互联系及交叉的,有时也是相互矛盾的。他们将自己的调查发现与其他研究人员及组织的调查发现进行了比较,认为其他研究人员的发现与他们自己的发现在实质上都是一致的,因此,管理人员应具备何种技能也不存在秘密。Whetten 及 Cameron 撰写的《管理技能开发》一书,目前已更新到第十版,在欧美颇为流行,他们对管理人员应具备哪些核心能力的看法因此具有较大的影响。

三、企业管理人员技能开发方法研究

管理技能开发方法总的来看有数百种之多(Mumford, 2002),较为常见的有工作轮换、咨询、指导、顾问、教练、角色分析、任务小组、研讨会、训练小组项目、行动学习、案例分析、自我开发小组、学习小组、同事评价、户外开发项目等(Garavan, Barnicle 及 O'Suilleabhain, 1999),但现有的开发方法一般没有与特定的技能开发联系起来,不具有针对性(Rausch, Sherman 及 Washbush, 2002)。下面仅对讲授、行动学习、案例分析、教练等流行方法的新近研究,较为特别的整合开发模式,以及开发方法的比较研究等进行简单介绍。

1. 讲授

汪涛、孙羿凡及钟秀丽(2021)认为目前在 MBA 教育中应用较为广泛的“讲授法”有以下几点优势:①处于主导地位的教师可以通过连续性和完整性的讲述将知识系统性地传授给学生,利于学生获得完整的理论和方法;②教师可以在教学过程中根据知识接受的难易程度以及学生的特点来把握教学进程,使学生能够更好地掌握教学内容;③讲授式教学的班组授课模式可以节约教学成本、提高教学效率，教师可以通过这种模式使大量有价值的信息以一对多的方式传递给学生。陈见标、柳颖及钟结枝(2021)认为应用传统讲授法对“运营管理”课程实施教学,往往只有理论知识的灌输,缺少对学生解决问题能力的训练,更缺少对学生主动探寻问题能力的训练;老师在进行理论讲解时,由于多学科综合性知识同时出现在课堂上,学生难以能立即理解,导致学生较难跟上教学进度,知识流失率大。

2. 行动学习

1)国外学者的研究

行动学习(Action learning)由 Revans 教授于 20 世纪 40 年代提出,它是指一种通过经验、行动(做)来学习的学习方式。行动学习中,工作环境就是课堂,任务本身就是学习工具(Smith, O’Neil, 2003)。Scott(2017)认为行动学习具有以下特征:①学习者自我发现问题,定义问题,而非回答事先设计好的问题;②学习者自主学习知识,弥补知识上的不足,并自主采取行动解决问题;③自我反思是行动学习的关键环节;④行动学习小组成员相互支持;⑤小组活动由有经验的教练进行指导,提出疑问,促进反思。Zabiegalski 及 Marquardt(2022)认为行动学习由学习及行动两个部分组成,其中深入学习的关键要素为:①学习小组有教练或促进者;②聚焦洞察与反思;③个人、小组或组织层面有对学习的热忱。积极行动的关键要素为:①有重要的、急需解决的问题;②有经历、背景多元化的学习小组;③有制定措施、采取行动的权力及责任。行动学习是国外较为流行的管理人员开发方法之一,虽如此,也有学者对其效果进行了大胆质疑,如 Conger 及 Toegel(2003)认为许多领导技能开发的行动学习项目是失败的,主要原因是:①行动学习项目不是直接针对领导技能的,与领导技能本身所面临的挑战的联系较弱;②行动学习中参与者很少有机会进行反思,很少获得反馈,这样行动学习就失去了其本意,变得与一般的工作无异;③对小组学习的强调有限,缺乏团队学习的氛围;④行动学习的结果很少得到应用,行动学习结果一出来行动学习也就结束了,这与行动学习的原则也是相悖的。

行动学习过程中的小组活动以及企业内部的支持对行动学习效果具有决定

性的影响，有鉴于此，Sims（2000）提出基于工作的学习方法（Work-based learning），该方法与行动学习在思想上是一致的，都强调向经验学习，不过该方法更注重个人学习，因此在很大程度上摆脱了行动学习中小组活动及企业内部环境的限制。Miller（2003）强调将行动学习与企业目标或部门目标结合起来，从而获得行动学习所需的企业内部氛围，以提高行动学习的效率。

2）国内学者的研究

曾令华（2010）认为行动学习就是我们俗称的“干中学”，与其他学习方式比较，行动学习是提升培训效果最好的一种方法，能使个人及组织都受益。各种学习方式的学习效果见表 1-1。他认为行动学习成功的关键在于：①企业高层的大力支持与重视；②学习小组成员受到激励；③学习小组成员积极交流及互相学习；④学习过程中的及时评估与反馈。汪涛、孙羿凡及钟秀丽（2021）认为在 MBA 教学中运用行动学习可以：①锻炼学员的团队沟通和协作能力；②锻炼学员的自主学习能力；③锻炼学员的批判性思维；④调动学生学习的主动性；⑤提升学生实践能力。杜伟宇及沈丹（2014）发现行动学习在 MBA 教学中存在以下问题：①教练或促进者的能力不足，专业教师缺乏经验；②小组成员构成不合理，相互之间存在矛盾，小组研讨费时；③项目目标过高，项目所在企业支持力度不足。

表 1-1 不同学习方式的效果比较

学习方式	学习效果（记忆）（%）	提升知识与技能的幅度（%）
阅读之后	10	5
听到之后	20	10
看到之后	30	15
看到并听到之后	50	25
亲自做某事之后	90	55

3. 案例分析

1）国外学者的研究

Rees 和 Christine（2002a）认为案例教学法具有以下优点：①开发分析技能；②整合不同职能领域的专业知识；③促进深入学习，避免对知识的肤浅理解；④

激发学员的兴趣,促进参与;⑤提高课堂时间的利用率;⑥促进团队学习;⑦通过对讨论过程的记录及分析,提高学员组织讨论的技能;⑧好的案例可适当更新后重复使用,就像资本投资一样;⑨促进学员对照案例对企业的政策及实践进行反思。如何有效地使用案例教学法, Rees 和 Christine(2002b)认为:①案例分析应该有明确的目标,而不是仅仅完成课时;②在讲述理论之前使用案例,以便学员更好地理解理论知识;③减少学员对案例教学的抵触;④使用序列案例,逐步深入。George Rosier(2002)认为目前的案例教学普遍存在缺少事后反思的环节,影响了案例教学的效果,他认为案例讨论结束后,应要求学员对案例讨论进行反思,并提交总结报告,这样才能提高案例教学的效果。Naghi 及 Morteza(2018)等认为尽管案例教学不再是组织培训的流行方法,但它具有促使学员进入需要采取行动的真实情境,促进长期记忆,促使教练通过学员的不同反应来识别个体差异等优点,值得继续在组织培训中使用。

对于案例分析在管理人员开发中的作用,也有不少学者持反对意见,如 Ackoff 认为案例所包含的信息是案例作者所收集的,自认为重要的信息,而信息的收集、筛选本身就是一个能力的训练过程,这一过程应由学员来完成,因此,案例分析并不是一个好的方法,他认为管理学习也许应从设计公司开始(Detrick, 2002)。Locke (2002)认为案例本身没有意义,因为每一个案例都是不同的,正如每个企业都不同于其他企业一样。至于案例分析能否训练分析技能,他认为如果学员没有掌握基本的管理理念,案例分析又如何进行呢? 另外,如果不从案例分析中提炼出管理理念,案例分析又有什么意义呢? 他因此提出理念教学法,将案例分析与理念提炼结合在一起,主张先分析案例,后提炼理念。

2)国内学者的研究

陈效林及程永波(2021)认为案例教学具有以下优点:①有助于激发创新思维;②能够有效融合管理的科学性和艺术性;案例教学能够有效缩短理论到实践的距离。要搞好案例教学,应做到以优秀案例促教,通过编写优秀案例促教,通过案例竞赛促教。芈凌云及王文顺(2018)通过对 MBA 学员的问卷调查得出,要提高案例教学效果需要:①重视 MBA 师资的学术水平与实践经验的融合,提升案例教学中教师点评的科学性和系统性;②鼓励教师结合 MBA 学员的现实问题开展教学案例的动态采编工作，提升案例与学员学习需求的契合度；③教学管理部门需要重视改善案例教学环境，如使教学场地便于讨论、交流，以提高MBA学员的课堂参与度；④鼓励教师开展案例教学的系统化设计。朱华桂（2007）认为案例教学是管理学教学中行之有效的教学手段，能很好地体现管理学理论与实践相结合的要求，但由于我国的案例教学开展的时间较短，还存在着以下认识上的误区与不足：①"案例教学"与"事例教学"不分，事例是用来例证理论的，案例是用来通过分析培养学生能力的。②将案例教学的"绝对化""片面化"。片面强调案例教学的重要性，唯"案例"是从，压缩、忽视对管理学理论的讲授，把案例教学绝对化。③随意选择案例，导致案例与实际相分离。④教师准备不充分，缺乏案例控制力。宋华明（2005）认为案例教学中应给理论知识体系的每一个孙体系都配备相应的元案例，元案例组合起来形成组合案例，对应一个完整的知识点。

苏敬勤及贾依帛（2020）认为案例教学法对提升学员分析问题能力的有效性较强，但对解决企业实际问题的功能较为薄弱且存在着课堂流程不规范等问题；行动学习基于企业真实的管理难题，是以提出解决问题方案为目标所开展的一种教学方式，具备同时提升学员分析问题与解决企业实际问题能力的功能。他们提出应将这二者结合起来，形成一种新的教学方法——案例行动学习法。该教学法以决策型微案例为载体，兼顾提升学员分析问题及解决企业实际问题的功能。决策型案例在对管理情境中的描述中隐含着若干真实的、富有挑战性的决策问题，相对于描述性案例而言，更能吸引学员以决策者视角对案例中的情境进行批判性思考，并提出相关解决问题的思路。顾海兵（2002）对案例教学的流行进行了冷思考，认为国外大学商学院使用案例教学，我国管理教育则不一定非得照做；大学只能给人一生所需知识的5%，只能提供人才毛坯，至于管理案例，可作为茶余饭后的读物。

4. 教练

教练法是国外管理人员开发的常用方法，高级管理人员有自己的教练似乎成为一种时尚（Thach，2002）。Smith 和 Sandstrom（1999）认为企业外部环境的复杂多变是企业高级管理人员需要教练的重要原因，教练可以在提高领导技能，实施战略计划以及引进、保持及开发领导人才这三个对企业发展至关重要的战略领域发挥作用。Wales（2003）认为教练活动可以促进管理人员提高自我意识、领导技能。Reida（2020）认为教练可使学员获得恍然大悟的感觉，改变心智模式，发现真实的自我，更好地了解学习小组成员。King（2022）认为传统的领导技能开发关注的是知识及技能，而教练则应聚焦在使学员获取解决实际问题的智慧上；教练具有将理论运用于实践的能力，知晓如何指导学员；教练可促使学员不断努力，坚持不懈；教练应致力于如何运用知识及技能来解决实际问题，教练应促进学员反思自己的行为。Berglas（2002）认为在教练队伍中存在一批不合格的教练，由于缺乏心理学专业训练，往往采用最简单的答案应对问题，在没弄清真实原因的情况下套用一些不恰当的训练方法，有时还过分使用自己的影响力，使问题变得更糟；他建议企业在雇用教练的同时雇请心理学家，一起对在工作中表现出不胜任的管理人员进行训练。2012 年，全球大约有 47 500 名服务于高层管理人员的教练，市场规模约 20 亿美元，但教练的实际效果如何，还缺乏实证研究（Athanasopoulou 及 Dopson，2018）。

5. 整合模式

传统管理人员开发中的教学活动是按管理职能分别展开的，如将战略管理、市场管理、人力资源管理分设课程进行教学，Mintzberg 及 Gosling（2002）认为这样做违背了整体性原则，使管理人员的技能及思考受到局限。为改变这种局面，他们联合开发了一个高级经理人员的跨国培训项目。该项目舍去了管理职能内容组织教学的传统模式，采用了整合模式，将教学内容整合为以下五个模块：①自我管理——反思心态模块；②人际关系管理——合作心态模块；③组织管理——分析心态模块；④环境管理——全球心态模块；⑤变化管理——行动心态模块。以上每一个模块的教学集中于各自的专门心态培养，整合起来就恰好对应了整个管理实践活动。以上每一模块在一个国家集中进行 2 周，项目总时间为 16 个月。

6. 开发方法比较

张建伟（2001）对企业内部管理培训的课堂讲授法、程序化教学法、案例分析法、行为模拟法等 13 种方法，从师资要求、培训投入、培训效果等方面进行比较研究,认为师资要求高或较高的方法有讲授法、案例分析法、现场培训法、行为模拟法;培训效果最好的为程序化教授法,不易见效的为案例分析法。培训方法及比较项目,结果详见表 1-2。

表 1-2 企业内部培训方法比较

方法	师资要求	培训投入	交互性	培训时间	对受训者的要求	培训效果
课堂讲授法	高	较少	一般	可长可短	水平较一致为好	较好
程序化教学法	不高	多	好	短	有一定的工作经验或技巧	好
案例研究法	较高	较少	较好	较长	有较高的管理决策水平	不易见效
模拟培训法	不高	较多	好	较长	无工作经验或有初步工作经验	好
影视培训法	低	较少	差	可长可短	对培训内容有一定基础	较好
现场培训法	较高	少	好	较长	无特别要求	较好
角色扮演法	不高	少	好	较长	能积极参与、有创新意识	一般
工作轮换法	低	较少	一般	长	有较多的工作经验	较好
参与管理法	较低	较少	较好	可长可短	有较高的管理决策水平	好
经营演习法	低	多	较好	较短	有一定的经营决策经验	较好
行为模仿法	较高	较少	好	较长	无特别要求	较好
参观访问法	低	少	较差	较短	有一定的工作技能和经验	较好

四、对现有研究的评述

现有研究对管理人员应具备哪些技能从不同的角度进行了深入讨论,丰富了对管理技能的认识,不足之处在于对管理人员应具备的诸多技能间的相互关系缺乏研究,对管理人员应具备哪些核心技能缺乏共识,另外,在管理人员技能的分级方面,相关研究也还较为缺乏。在管理人员技能的开发方面,研究文献也颇为丰富,不足之处在于没有针对具体的技能类别提出相应的开发方法。

第三节 研究思路及方法

一、研究思路

第一,探讨企业管理的本质,明确企业管理对管理人员的要求;第二,分析企业管理知识的特性,明确管理知识对管理的作用;第三,在前两项研究的基础上提出企业管理人员的核心技能构成及大致分级;第四,提出概念技能、人际技能及自控技能的开发方法;第五,提出企业管理人员开发机制的构建思路。

本书基于中外管理思想的实质,中外企业管理实践的成功经验及失败教训提出企业管理的本质;对中外学者有关管理知识的认识进行简要述评,对中医《伤寒论》知识与《人力资源管理》知识进行比较分析,然后提出管理知识的特性;对现有的管理素质理论进行比较分析,从中归纳整理出企业管理人员的核心技能构成,然后借鉴《海氏职位评价系统》以及《企业人力资源管理师国家职业技能标准》,对概念技能进行分级;从人际技能及自控技能的实质出发,对人际技能及自控技能进行分级;从技术知识的应用需要出发,对技术技能进行分级。关于概念技能的开发,从理论学习、行动学习两方面进行论述;关于人际技能的开发,从培养仁爱之心,克服不良心态以及组织文化熏陶三方面进行讨论;关于自控技能的开发,从需要管理,培养愉悦的心境,中国传统文化思想借鉴三方面进行讨论。由于技术技能的开发方法与一般的知识学习方法相同,本书将不作讨论。企业层面的管理人员开发机制,从建立健全职工董事制度,健全管理人员考核制度及竞争上岗制度三个方面进行论述。

二、研究方法

1. 文献研究法

查阅中外文献,在此基础上作进一步分析,提出企业管理的本质,管理知识的特性,管理人员核心技能的构成及分级,概念技能的开发方法,人际技能的开发方法,自控技能的开发方法及企业开发机制的建设思路。

2. 案例分析法

选取相关案例进行分析,使理论分析与企业管理实践紧密结合起来,以深化对管理的本质、管理技能及其开发方法的认识。

第二章　企业管理的本质

明确企业管理人员应具备哪些核心技能，首先要明确企业管理的本质是什么，亦即企业管理从本质上要求管理人员做什么，如此才能进一步明确企业管理人员需要哪些核心技能。分析中外管理思想的实质，总结中外企业管理的成功经验及失败教训，可探明企业管理的本质。

第一节　中国传统管理思想的实质

一、孔子的管理思想

孔子（公元前551年—公元前479年）的管理理论以国（组织）及国人（组织成员）为研究对象，其思想实质体现在以下几个方面。

1. 治理目标及思想

1）以富强为君主治国的目标

若一国之“四海穷困”，则“天禄永终”（《论语·尧曰》，下面仅标明篇名）；若一国富强，其民自当富足、自由、快乐，“浴乎沂，风乎舞雩，咏而归。”（《先进》）

2）视“仁”，“礼”，“和”为君、臣个人修养及为政的指导思想

“仁”在个人修养上指仁爱、博爱之心性、行为，君子应安于仁，“里仁为美”（《里仁》）。当为政者推己及人，克己复礼，行于道时，社会中的各种冲突将自然消失，天下由此富足、安乐。“礼”的最高原则是道。君之道在于“重民食、丧、祭”（《尧曰》）、“慎终追远”（《学而》）、“思无邪”（《为政》）；臣之道在于“其行己也恭，其事上也敬，其养民也惠，其使民也义”。（《公冶长》）君臣之间，“君使臣以礼，臣事君以忠。”（《八佾》）君子之间，“群而不党”（《卫灵公》），不拉帮结派。

3)尊重民众的自由意志,不愚民

孔子高度重视民众的自由意志,提出“三军可夺帅也,匹夫不可夺志也”。(《子罕》)“民可使,由之,不可使,知之”(《泰伯》),而不是强民所难。

4)反对家天下,倡导有德者居之

“泰伯其可谓至德已矣,三以天下让,民无得而称焉”(《泰伯》),“以德为政,譬如北辰,居其所而众星共之。”(《为政》)

2. 治理原则

如何治理国家,孔子提出了以下原则:①重视制度。“仲弓为季氏宰,问政。子曰:先有司。”(《子路》)“先有司”即首先明确责权,建立制度。②寓德于政。“道之以政,齐之以刑,民免而无耻;道之以德,齐之以礼,有耻且格。”(《为政》)即,单凭制度不可治国,制度中应有德的精神。③举直任贤,以正行政。“举直错诸枉,则民服;举枉错诸直,则民不服。”“其身正,不令而行,其身不正,虽令不行。”(《为政》)“苟正其身矣,于从政何有? 不能正其身,如正人何?”(《子路》)④以礼致和,以恕息争端。“礼之用,和为贵,先王之道,斯为美。”(《学而》)“己所不欲,勿施于人。”(《颜渊》)⑤以道致富。“邦有道,贫且贱焉,耻也;邦无道,富且贵焉,耻也。”(《泰伯》)⑥无为而治。当以上诸原则得到实施时,国将无为而治。“无为而治者,其舜也与,夫何为哉,恭己正南面而已矣。”(《卫灵公》)

3. 治理人才

孔子认为君子是理想的治国之才,以上管理原则靠有德之君子来执行。君子有以下德行:①淡泊名利。“人不知而不愠”(《学而》),“不义而富且贵,于我如浮云”(《述而》)。淡泊名利是“思无邪”“周而不比”(《为政》)的前提。②高度敬业。“居之无倦,行之以忠”(《颜渊》),“先之劳之”(《子路》),“死而后已”(《泰伯》)。③立志成仁。君子“恭、宽、信、敏、惠”(《阳货》),“当仁不让于师”,“无求生以害仁,有杀身以成仁”。(《卫灵公》)④志趣高雅。“饭疏食,饮水,曲肱而枕之,乐亦在其中矣”,闻雅乐可“三月不知肉味”,赋闲时“申申如也,夭夭如也”(《述而》),于世无怨、无争。⑤君子不器。“毋意,毋必,毋固,毋我”(《子罕》),有极高智慧,可做到“视思明,听思聪,色思温,貌思恭,言思忠,事思敬,疑思问,忿思难,见得思义。”(《季氏》)

孔子的治国思想是切合当时社会实际的。春秋时代,“天下之无道也久矣”(《八佾》),君不君,臣不臣,父不父,子不子。孔子对此有充分认识。有荷蒉而过孔氏之门者,曰:“莫己知也,斯已则已矣,深则厉,浅则揭。”孔子知其意,曰:“果哉,未(将来)之难也”(《宪问》)。但孔子仍志于仁,以弘扬仁道为己任。非难孔子思想是社会诸负面现象之源是没有道理的,颠倒了因果。

二、孟子的管理思想

孟子(公元前372年—公元前289年)认为人性本善,国家治理者应实施仁政,注重人和,以德服人等(刘家贵,2001),以“仁义”贯穿始终。

1. 人性善

孟子认为:“人性之善也,犹水之就下也。人无有不善,水无有不下”,“恻隐之心,人皆有之;羞恶之心,人皆有之;恭敬之心,人皆有之;是非之心,人皆有之。恻隐之心,仁也;羞恶之心,义也;恭敬之心,礼也;是非之心,智也。仁义礼智,非由外铄我也,我固有之也”。(《孟子·告子上》)

2. 仁政

孟子认为:“不以仁政,不能平治天下”,“天子不仁,不保四海;诸侯不仁,不保社稷;卿大夫不仁,不保宗庙;士庶人不仁,不保四体”(《离娄上》),“民为贵,社稷次之,君为轻。是故得乎丘民而为天子”(《尽心下》),“家必自毁,而后人毁之;国必自伐,而后人伐之”(《离娄章句上》),亦即不仁者,为自我灭亡之道。

3. 人和

孟子认为:“天时不如地利,地利不如人和。三里之城,七里之廓,环而攻之而不胜,夫环而攻之,必有得天时者矣;然而不胜者,是天时不如地利也。城非不高也,池非不深也,兵革非不坚也,米粟非不多也,委而去之,是地利不如人和也。”(《公孙丑下》)

4. 以德服人

孟子认为:“以力服人者,非心服也,力不赡也;以德服人者,中心悦而诚服也,如七十子之服孔子也。”(《公孙丑章句上》)

5. 以义制利

如何治理国家，孟子认为“仁义而已矣，何必曰利”（《梁惠王上》）；“君臣、父子、兄弟、去利，怀仁义，以相接也，然而不王者，未之有也”（《告子下》）；“苟为后义而先利，不夺不餍”，“上下交征利，而国危矣”（《梁惠王上》）；“大人者，言不必信，行不必果，惟义所在”（《离娄下》），亦即不可为了讲小信用，讲小结果，而坏了大义。

6. 动心忍性

如何才能成为有用的人才，孟子认为“必先苦其心志，劳其筋骨，饿其体肤，空乏其身，行拂乱其所为，所以动心忍性，曾益其所不能。”（《告子下》）

孟子的管理思想与孔子的管理思想并无实质上的不同，只是前者在某些表述上更为明确。比如孔子并没有明言人性是善还是恶，而是认为人性应该朝着“仁”的方向去塑造（郭海燕，2010），而孟子则明确提出人性善。再如，孔子认为治国之人应淡泊名利，志趣高雅，如何才能修炼成才呢？孔子没有明述，孟子则指出须苦心志，劳筋骨，饿体肤，空乏其身，这样才能动心忍性，脱离低级趣味，成为淡泊名利，志趣高雅之人，成为君子。

三、荀子的管理思想

荀子（约公元前 313 年—公元前 238 年）为先秦时代百家争鸣的集大成者，其主要管理思想如下。

1. 人性恶

荀子认为：“今人之性，饥而欲饱，寒而欲暖，劳而欲休，此人之情性也”（《荀子·性恶》）；“人之情，食欲有刍豢，衣欲有文绣，行欲有舆马，又欲夫余财蓄积之富也，然而穷年累世不知不足，是人之情也”（《荣辱》）；“今当试去君上之势，无礼义之化，去法正之治，无刑罚之禁，倚而观天下民人之相与也。若是，则夫强者害弱而夺之，众者暴寡而哗之，天下悖乱而相亡，不待顷矣。用此观之，然则人之性恶明矣，其善者伪也。”（《性恶》）

2. 因势利导

荀子认为：“不利而利之，不如利而后利之之利也。不爱而用之，不如爱而后用之之功也”;“利而后利之,爱而后用之者,保社稷者也”;“不利而利之,不爱而用之者,危国家者也”(《富国》)。这也即是说,人既有欲求,有需要,就应利用人的欲求、需要来治理天下;只有在充分尊重个体劳动者欲望的基础上才能激发出他们的主观能动性,进而带来社会利益总量的提高(辜俊君,2022)。

3. 以礼义制欲

荀子认为:“人生而有欲,欲而不得,则不能无求;求而无度量分界,则不能不争;争则乱,乱则穷”(《礼论》);“使欲必不穷乎物,物必不屈于欲,两者相持而长,是礼之所起也”(《礼论》)。何能如此?荀子认为:“水火有气而无生,草木有生而无知,禽兽有知而无义,人有气、有生、有知,亦且有义,故最为天下贵也。力不若牛,走不若马,而牛马为用,何也?曰:人能群,彼不能群也。人何以能群?曰:分。分何以能行?曰:义。”《王制》

4. 尚贤使能

荀子认为:“君子能亦好,不能亦好;小人能亦丑,不能亦丑。君子能则宽容易直以开道人,不能则恭敬縛绌以畏事人;小人能则倨傲僻违以骄溢人,不能则嫉妒怨诽以倾覆人。故曰:君子能则人荣学焉,不能则人乐告之;小人能则人贱学焉,不能则人羞告之。是君子、小人之分也”(《王制》);“虽王公士大夫之子孙也,不能属于礼义,则归之庶人。虽庶人之子孙也,积文学,正身行,能属于礼义,则归之卿相士大夫。”(《王制》)

5. 援法入礼

荀子认为法家的方式是“不教而诛”,会导致刑罚繁多却无法杜绝邪恶;传统儒家的方式是“教而不诛”,奸民得不到惩治,当然也无法杜绝邪恶。因此,他主张以防为主、防治结合,礼治是主要的、首要的治国手段,法治是礼治的辅助和支撑(白奚,2023),“以善至者待之以礼,以不善至者待之以刑”(《王制》),“明礼义以化之,起法正以治之,重刑罚以禁之,使天下皆出于治,合于善也”(《性恶》)。

荀子的管理思想是循着孔孟的思想脉络发展的,只是荀子充分论述了人性中恶、伪善的一面,在这一点上,孔孟都有述及,如孔子认为人中有小人,孟子认为人会“上下交征利”,这都是人性不完善的表现。既然人性有恶,伪善的一面,荀子因此提出要因势利导，以礼义制欲，尚贤使能，援法入礼。比较之下，荀子的管理思想比孔孟的管理思想显得更为务实。

四、墨子的管理思想

墨子（公元前 468 年——公元前 376 年）是墨家学说的创立者，其主要管理思想如下：

1. 兼爱

墨子认为："圣人以治天下为事者也，不可不察乱之所自起。当察乱何自起？ 起不相爱。臣子之不孝君父，所谓乱也。子自爱，不爱父，故亏父而自利；弟自爱，不爱兄，故亏兄而自利；臣自爱，不爱君，故亏君而自利，此所谓乱也"（《墨子·兼爱上》）；"天下之人皆不相爱，强必执弱，富必侮贫，贵必敖贱，诈必欺愚。凡天下祸篡怨恨，其所以起者，以不相爱生也。"（《兼爱中》）由此，他提出兼爱的思想，"顺天意若何？ 曰：兼爱天下之人"（《天志下》）；"兼即仁矣，义矣。"（《兼爱下》）

2. 非攻

墨子认为："为人之都，若为其都，夫谁独举其都，以伐人之都者哉？ 为彼犹为己也。为人之家，若为其家，夫谁独举其家，以乱人之家者哉？ 为彼犹为己也"；"若使天下兼相爱，国与国不相攻，家与家不相乱，盗贼无有，君臣父子皆能孝慈，若此则天下治。"（《兼爱上》）

3. 互利

墨子认为："夫爱人者，人必从而爱之；利人者，人必从而利之；恶人者，人必从而恶之；害人者，人必从而害之"；"今若国之与国之相攻，家之与家之相篡，人之与人之相贼，君臣不惠忠，父子不慈孝，兄弟不和调，此则天下之害也"；"仁人之所以为事者，必兴天下之利，除天下之害，以此为事者也。"（《兼爱中》）

比较孔子与墨子的管理思想，二者在实质上是一样的。孔子倡导仁爱，墨子主张兼爱，二者无本质差别，二者的价值观相通，利益观相通（荣小语，2022），只是在用语上前者偏抽象，后者偏具象，后者更为通俗一些。认为孔子的仁爱有血缘尊卑、亲疏贵贱之别，并无实据。《中庸》第二十章中孔子所讲的"仁者，人也，亲亲为大”，可有多种解释，如人与人之间应相亲相爱，亲人之间虽有怨恨仍应致力于和解，相亲相爱。人之相亲在客观上有分内分外之别，但孔子断不会认为它有尊卑、贵贱之别，否则孔子也不会说“三军可夺帅也，匹夫不可夺志也”（《子罕》），“无求生以害仁，有杀身以成仁”。（《卫灵公》）

五、韩非子的管理思想

韩非子（约公元前280年—公元前233年）是法家学派代表人物，其主要管理思想如下。

1. 人性自利

韩非子认为人是自利的，对此，他举例说：“故王良爱马，越王勾践爱人，为战与驰。医善吮人之伤，含人之血，非骨肉之亲也，利所加也。故舆人成舆，则欲人富贵；匠人成棺，则欲人夭死也。非舆人仁而匠人贼也，人不贵，则舆不售；人不死，则棺不买。情非憎人也，利在人死也。”（《韩非子·备内》）

2. 法制

既然人性是自利的，那么，治理国家最适宜的办法就是法制。韩非子认为：“国无常强，无常弱。奉法者强，则国强；奉法者弱，则国弱”；“故当今之时，能去私曲、就公法者，则民安而国治；能去私行、行公法者，则兵强而敌弱。”（《有度》）

3. 加强吏治

《韩非子》所论述的管理对象是各级政府官员及君主的亲属、侍者，而不是普通民众（丁忠兵，2010），韩非子认为：“摇木者一一摄其叶，则劳而不遍；左右拊其本，而叶遍摇矣。临渊而摇木，鸟惊而高，鱼恐而下。善张网者引其纲，不一一摄万目而后得；若一一摄万目而后得，则是劳而难；引其纲，而鱼已囊矣。故吏者，民之本，纲者也，故圣人治吏不治民……是以圣人不亲细民，明主不躬小事。”（《外储说右下》）

韩非子虽被尊为法家集大成者，但西汉儒家刘向将其看作名儒。韩非子倡导法制实际上是发扬光大了孔子“先有司”这一法制思想。孔子着重论述仁，韩非子着重论述法，这并不表示二者在思想实质上不同，只是二者所强调的重点不同罢了，二者皆是正理。韩非子实际上是高度赞扬仁爱的，他认为“仁者，谓其中心欣然爱人也。其喜人之有福,而恶人之有祸也;生心之所不能已也,非求其报也。"《韩非子·解老》"夫仁义者,忧天下之害,趋一国之患,不避卑辱谓之仁义。故伊尹以中国为乱,道为宰于汤;百里奚以秦为乱,道为虏于穆公。皆忧天下之害,趋一国之患,不辞卑辱,故谓之仁义。"《韩非子·难一》

第二节　西方管理理论思想实质

一、泰勒的科学管理思想

泰勒(Frederick W. Taylor, 1856—1915)于1911年出版了《科学管理原理》(The Principles of Scientific Management)一书。其主要观点为:①工作定额;②标准化;③能力与工作相适应;④差别计件工资制;⑤计划职能与执行职能相分离(周三多,陈传明, 2010: 13-14)。从上述观点可以看出,管理的主要工作就是创新标准化的操作方法以替代经验方法,并设计合适的工资制度来激励工人使用标准化的操作方法以释放潜在的生产率。泰勒认为在经验管理之下,工人的劳动生产率只释放了三分之一,科学管理可以使工人潜在的生产率全部释放,工人、资本家都可以从中获益。

要释放工人潜在的劳动生产率,标准化的操作方法是必要条件,但是标准化的操作方法之所以能够出现并得到使用,根本原因还在于劳资双方转变思想观念,亦即工人放弃磨洋工的工作方式,资本家放弃延长劳动时间,加大劳动强度的剥削方式,此为充要条件,为此也有学者认为科学管理原理的关键在于精神革命。国外学者Robbins及Coulter(2012)兼顾操作方法及精神革命二者,将泰勒的科学管理思想概括为最佳方法(one best way)及真诚合作(sincere corporation)。

二、法约尔的组织理论

法约尔(Henri Fayol, 1841—1925)于1916年在法国矿业学会的年报上公开发表其著作《工业管理与一般管理》。法约尔对管理理论的主要贡献为他所提出的十四项管理原则，包括分工、权力与责任、纪律、统一指挥、统一领导、个人利益服从集体利益、报酬合理、集权与分权、等级链与跳板、秩序、公平、人员稳定、首创精神、集体精神（法约尔著，曹永先译，1999：23-53）。上述14项原则中，个人利益服从集体利益应是最为重要的。假如个人利益服从集体利益这一条能得到满足，法约尔14项管理原则中的其他各条都应能得到满足，如报酬就会合理，权责不对等的现象就会消除，分工就会合理，人或物就会各有其位，秩序就会得到保证，首创精神、集体精神就会出现等，如此，企业焉能不充满活力。法约尔认为在一个企业里，总是有人将个人利益置于集体利益之上，为了个人利益而忘了集体利益，这是一场需要持久进行的斗争。此外，法约尔还提出大型企业分厂长及以上的管理人员都需要具备管理、技术、商业、财务、安全、会计这六种能力，管理人员的层级越高，其管理能力所占的比重就越高（法约尔著，曹永先译，1999：10-11）。

三、韦伯的组织理论

韦伯（Max Weber，1864—1920）于1911年出版《社会与经济组织理论》一书，提出了“理想的行政组织体系”思想，其理想的行政组织体系具有以下特点：存在明确的分工；根据技术资格来选拔员工；行政管理人员是专职的管理人员，领取固定的薪金；行政管理人员有明文的升迁制度；行政管理人员严格遵守组织中的规则、纪律和办事程序；组织中成员之间的关系以理性为指导，不受个人感情的影响等（周三多，陈传明，2010：17）。韦伯的上述观点勾画出了一幅理想的行政组织体系图画，从分工到据技术资格上岗，再到上岗后按规则不按感情行事，按规则拿薪金，按明文的制度升迁，如此，组织即成为理想的组织。在韦伯的理想行政组织体系中，行政管理人员应具有明文的升迁制度应是最为重要的，如此，行政管理人员按技术资格上岗，办事讲规则不讲感情才能落到实处。

四、梅奥的人际关系学说

梅奥（George E. Mayo，1880—1949）于1933年出版《工业文明中的人的问题》一书，提出人际关系学说。其主要观点为：工人是社会人，而不是经济人；企业中存在非正式组织;生产率主要取决于工人的工作态度以及他和周围人的关系(周三多,陈传明,2010:18-20)。梅奥之所以认为人是社会人,应是在他的时代工厂中普遍存在着不公正现象,工人因此才自发形成非正式组织以应对正式组织中的不公。在泰勒的管理思想中,生产一线中的人际关系没有得到充分展示,在梅奥的管理思想中,生产一线中的人际关系则充分显示出来了。

五、巴纳德的社会系统学说

巴纳德(Chester I. Barnard,1886—1961)于1938年出版了《经理人员的职能》一书,提出了社会系统学说。其主要观点为:组织由具有共同目标,有协作愿望且愿意分享信息的人组成;组织中管理人员是否有权限取决于下级是否接受;组织在其对成员的回报大于或等于组织成员对组织的贡献时得以存续(张新平,2000)。从巴纳德的思想观点可以看出,他所认为的组织中的人应是自由人,因为只有组织是自由人的协作系统,管理人员是否有权限才会取决于下级是否会接受。法约尔提出个人利益服从集体利益原则,韦伯提出行政管理人员应有明文的升迁制度,这如何才能实现呢?巴纳德很好地回答了这一问题,在自由人组成的组织中,个人利益才能服从集体利益,行政管理人员才会有明文的升迁制度,否则,组织就会解体,或者自由人就会联合起来,剔除损害他们利益的人,维持组织的健康发展。

第三节　企业管理的成功经验

一、我国企业管理的成功经验

1. 近代民族资本企业的成功经验

吴丽娜(2008)分析了南通大生纱厂及其系统企业,南洋兄弟烟草公司,“煤炭大王”和“火柴大王”刘鸿生创办的鸿生火柴厂等系列企业,“面粉大王”荣宗敬及荣德生兄弟所创办的荣氏企业,范旭东创办的永利化学工业公司,“中国船王”卢作孚创办的民生实业股份有限公司等民族资本企业的经营管理,发现他们的成功经验如下：

1)企业家精神

上述企业领导人的企业家精神主要表现在以下几个方面：强烈的爱国主义精神，以振兴民族工业为己任，顽强进取，敢于竞争；懂得尊重人才、善于识才、用才；重视企业的技术改造和技术引进。

2)管理制度创新

当时企业职能科室相当于封建官场，同事之间互称老爷；车间的工头多为帮会组织安插的人员，对工人恣意剥削、解雇；科室不过问车间生产。这种现象严重阻碍了企业的发展，必须大胆改革。例如，民生公司建立了一套严格的责任管理体制，各部处和分公司职责分明，层层节制，分级管理，同时，为了防止领导独断专行，还建立了各种会议制度，如朝会、主干人员会、处室经理联席会等，以加强民主管理。

3)企业文化建设

企业发展必须以人和为前提，上述公司领导人认识到了人和的重要性，积极开展文化建设。例如，民生实业公司提出“员工困难公司解决，公司困难员工解决”的思想，利用公司朝会等活动培育公司与员工之间的亲和气氛和同呼吸共命运的意识。公司朝会一天一次，总经理和全体人员都参加，会议讨论范围很广，有各科室代表报告近期工作的进展和打算，有职工谈自己的读书心得和对公司工作的建议。正是靠强化企业的“人和”精神，这些民族资本企业才能在内忧外患的环境中生存并得到发展。

2. 当代企业管理的成功经验

姜晓丹(2003)分析了联想集团、海尔集团、TCL集团、华为集团、吉利汽车集团、格兰仕电器集团、格力电器集团等二十一家中国当代成功企业，从中总结出以下六点共性的成功经验。

1)华人经济圈的资源优势

华人经济圈为中国大陆经济发展提供了资金支持，成为中国企业国际融资的重要渠道。华人经济圈帮助国内企业降低在国际市场上的信息成本和信用成本。华人经济圈是帮助国内企业走向世界的通道。

2)规模经济的价格优势

这一是我国劳动力价格低,可降低产品价格。例如,格兰仕在国内微波炉市场上不断推出功能与进口产品相近,但价格却非常低的新产品,从而迅速增加市场占有率;二是国内市场大,可以利用规模经济降低成本。例如,格兰仕年产微波炉 1 500 万台时,价格可降到年产量 1 200 万台的成本线。

3)强有力的渠道策略

企业自建销售网络可使企业获得最快最新的市场信息,提高市场反应速度。例如, TCL 在全国有 200 多家经营部,依靠对市场终端的控制和市场信息的判断,销售额与市场占有率稳步上升。

4)杰出的企业家

上述成功企业的企业家群体,在中国特定环境成长起来,政治素质强,胆识谋略过人,想象力丰富,有强烈的事业心和责任感,具有明显的个性特征和较强的人格魅力,对他们所在企业的成长发挥了决定性的影响力。

5)优秀的企业文化

上述成功企业都有着自己的优秀文化,体现了对人的尊重。例如,海尔的企业文化主要体现了对两部分人的尊重,一部分是员工,另一部分是顾客。海尔对顾客的口号是“真诚到永远”,企业必须对顾客真诚才能带来顾客对企业的忠诚。

6)青出于蓝的学习创新能力

企业要生存发展,必须具有强大的学习创新能力。华为从一家小民营公司,能够快速成长为全球通信行业的领导者,主要依靠的就是不断学习,创新。华为起初代理香港制造的供单位使用的小交换机,后不断创新,站在了世界同行业前列。

二、美国企业管理的成功经验

1982 年美国畅销书《成功之路》(In Search of Excellence)总结出美国成功公司以下八大经验(余凯成,钱冬生,张湛, 1984);二十多年后该书再版时,作者仍认为以前总结的八条经验经住了时间考验,依然是正确的(彼得斯,沃特曼著,胡玮珊译，2007）。

1. 贵在行动

美国许多企业沉湎于数量分析，关在象牙塔里搞分析，庞大的产品开发项目一拖数载。而那些优秀的企业却是干字当头，勇于试验各种新主意、新产品，甘冒一定风险，允许某些失败。

2. 用户至上

从用户和市场需要出发，不拘泥于一时的成本和利润，着眼于长期的经济效果。“用户至上”的原则不仅体现在提供优质产品与服务上，也体现在经常听取用户意见、吸取用户的智慧、创造革新上。

3. 鼓励自主创造

提倡创业精神，给职工以充分的自主权，使其发挥出高度的创造性。组织的规章制度切忌束缚职工手脚。

4. 重人甚于重物

把职工而不是把资金、设备看作提高生产率与产品质量的基本力量。不仅利用工人的手，也利用他们的脑。

5. 以企业推崇的价值观念作动力

重视企业根本宗旨的指导作用，同时提倡各级干部走出办公室，深入基层、现场，言传身教，长期坚持，形成有自己特色的“文化”。

6. 不离本行，慎于兼并

优秀公司总是以自己独特而擅长的老本行——某种特殊的技术为核心，小心翼翼地执行波浪式、同心圆式的扩展战略，决不远离“基地”，轻率进入自己不熟悉的领域，做跨多种行业的多样化经营。

7. 精兵简政

企业领导班子短小精悍，企业组织结构简单灵活。那种层次复杂、纵横交错的矩阵结构，终为优秀企业所不取。

8. 张弛结合，控制适宜

分权与集权的关系处理恰到好处。一般经营权下放到基层，但在严守基本价值观念上又寸步不让。

以上八条，一般企业往往当作老生常谈只挂在口头，优秀企业则作为基本原则，坚持不懈。

第四节　企业管理的失败教训

一、国内企业失败教训

目前还缺乏大样本的国内企业失败教训分析，吴晓波先后分析了秦池、巨人等 10 家企业案例，健力宝、科隆等 19 家企业案例，从企业领导层面总结出以下两条主要教训。

1. 企业领导人普遍缺乏道德感和人文关怀精神

绝大多数案例企业领导人在日常生活中的道德品质是无可挑剔的，但在市场上确是另一番景象，在营销广告上夸大其词，随心所欲，对市场规则十分漠然，对竞争对手冷酷无情，仅是对自己、对部下、对企业负责的企业家，十分功利，最终伤害了他们自己及其企业（吴晓波，2019a）。

2. 企业领导人普遍缺乏系统的职业精神

绝大多数案例企业的失败都是违背了常识，忽视了经营管理最基本的原则，不少企业家似乎是“工程师+赌徒”，而不是理性的职业经理人，不顾企业在现金流、团队及运营能力方面的不足，依然大冒进。对于部分案例企业家而言，“存商理，灭人欲”也许是一个值得记取的生存理念（吴晓波，2019b）。

二、国外企业失败教训

关于国外企业的失败教训，目前也缺乏大样本研究，从一些知名企业的决策失败来看，其主要教训如下。

1. 偏离市场需求

企业是通过向社会提供所需的产品而生存发展的，当企业产品及成长偏离市场需求时，企业就会在竞争中失利，甚至走向失败。蓝色巨人 IBM 起初生产大中型计算机，并以此为自豪，看不起小型机及微型机，直到传统市场大幅跌落后才急起直追，后来它又试图凭借其在市场中的力量阻止微型机的升级换代，但在一个开放经济中，市场力量是谁也阻挡不了的。这两次IBM均付出了沉重代价。美国洛克希德公司对其开发的新机种"三星"大型宽体喷气飞机，在订单很少，常有中断之虞的情况下，仍进行大量投资，继续生产。"三星"大型宽体喷气飞机生产了13年，洛克希德公司亏损25亿美元。美国蒙哥马利·沃德公司在20世纪40年代初曾取得巨大成功，但在二战以后，它却停止了发展。原因是公司董事长埃弗里固执地认为战后必定会发生经济大萧条，公司经营不宜进取，只宜维持，因而将大片新市场拱手让给了持扩张策略的竞争对手西尔斯公司等竞争对手。诺基亚手机曾风靡全球，后因公司傲慢，漠视消费者需求而淡出市场。

2. 领导者独断专行

企业领导人的独断专行势必将异己排除在决策圈之外，陶醉于个人权势，听不进忠告，任用势利小人。时间一长，言路必然堵塞，企业活力必定丧失。美国福特汽车公司曾有三次大的跌落，都是因为老亨利·福特及福特二世的独断专行所致。第一次跌落在创业之初，老亨利·福特虽有好的经营思想，但不懂技术，而且喜欢集各项大权于一身，因此两次创办汽车公司均以失败而告终。有鉴于此，老亨利·福特在1903年聘请著名的汽车专家库茨恩出任总经理，获得了巨大成功。但随后不久，老亨利·福特旧病复发，自任总经理，实行个人独裁，听不进不同意见，任人唯亲，公司内妒贤嫉能之风因此日盛一日，公司经营管理也陷入极度混乱之中，到1945年，公司每月亏损900万美元。福特二世接管了公司之后，重演了老亨利·福特的故事。起初，他"三顾茅庐"，请来专家蒲里奇对公司进行整顿、治理，公司业绩迅速上升。但公司兴旺以后，福特二世随即掌握了公司的全部权力。或许在福特汽车公司，独断专行与公司衰落有必然联系，从1980年到1982年仅三年时间，公司即亏损30亿美元。现实中，也有极少数企业领导人推行畏惧式管理，都给企业带来了重大损失。

第五节　企业管理的“以正行政”本质

企业管理的本质是什么？学者们在此问题上尚未形成一致意见。有学者认为管理就是用人，是通过众人的劳动来实现自己单独无法实现的目标，也有学者认为管理就是在收集信息的基础上就组织活动方向及内容进行决策，也有学者认为管理就是组织不同的人进行劳动分工（协调）去实现预定的目标。决策与协调是关于管理本质的两种代表性认识。从上述各节的分析来看，管理的本质应该是坚持公认的正确的道理，以及探寻潜在的正确的道理并实施，亦即管理的本质为以正行政。

孔子的“以正行政”观念，直接道出了管理的本质；孔子倡导君子治国，实际上是在倡导正人（君子）行政。孟子提出的仁政、人和，荀子提出的以礼义制欲、援法入礼，墨子提出的兼爱、非攻、互利，韩非子提出的法制等都是在揭示国家治理的正理，倡导“以正行政”。泰勒的科学管理思想的核心观点有二，一是探寻最佳操作方法，二是劳资双方真诚合作。探寻最佳操作方法即是寻找如何操作的正理，劳资双方应真诚合作则是公认的正理。法约尔提出管理的十四项原则，这十四项原则应该说都是日常生活中大家熟知的一般道理，亦即正理。韦伯的核心思想是行政管理人员应具有明文的升迁制度，行政管理人员按技术资格上岗，行政管理人员办事讲规则不讲感情，这些也都是常理、正理。梅奥提出人是社会人，实际上是呼吁管理要尊重员工，爱护员工，公平对待员工，这同样是常理、正理。巴纳德提出人是自由人，自由是人的本性要求，这是正理、至理。此外，巴纳德提出的权限接受论，组织存续论，也是正理、至理。因此，西方管理思想实际上也反映出管理的本质就是以正行政。

从中外企业管理的成功经验来看，贴近消费者，尊重人才，以人为本这都是正理；企业的成功离不开优秀的企业家，企业家就是能发现正理，坚持正理的人。从中外企业失败的教训来开，偏离市场需求，领导人独断专行等都是违背了正理。因此，中外企业管理的成功经验及失败教训从正反两方面验证了管理的本质就是以正行政。

将管理的本质界定为决策,应该没有反映出管理的本质所在。管理就是决策是成立的,但决策有科学与非科学,理性与非理性之别,将决策视为管理的本质没有将管理的本质说透。将管理的本质界定为协调同样是如此,没有将管理的本质说透。将以正行政界定为管理的本质,可明确管理的难点及着力点所在。坚持熟知的正理不是一件轻而易举的事情,寻找隐藏的正理也同样如此,都需要管理人员有大无畏的精神,有过人的胸怀及智慧,德才兼备。

第三章　企业管理知识的特性

管理的本质在于以正行政，管理知识是否能为管理实践提供足够的正理呢？因此还需要明确管理知识的特点。本章首先回顾相关文献对管理知识特性的认识，然后对中医学《伤寒论》及管理学《人力资源管理》知识进行比较，以认识管理知识的特性。

第一节　相关文献回顾

一、国内学者的观点

关于管理知识的特性，国内文献相对较少。张玉利（1999）认为管理学作为一门独立的学科体系，自19世纪末、20世纪初产生以来，一直保持着边缘性、应用性、不精确性的特征，管理既是一门科学更是一门艺术，管理学被学术界看作一块软区域，而不能达到一门真正的科学必须保持的高质量标准。赵纯均、雷斌、杨斌（2003）对管理与行医进行了对比，认为前者在目的及达到目的的方法上不如后者更明确。

欧绍华及罗拥华（2014）曾长期询问从事工商管理的本专业毕业生这样一个问题："你感觉在大学期间所学的工商管理专业知识现在用得上吗？"回答无一例外的是"几乎用不上"。毕业生给出的理由之一是"专业知识由经济学、管理学、数学、社会学、心理学等多学科知识交织而成，因此知识体系庞杂，跨幅宽，复合性强，信息容量巨大，要在应用中自由驾驭这个知识体系有相当的难度。"他们认为这在某种程度上昭示"学不能用"已经成了工商管理专业的一个比较严重的系统性现象。

章迪诚（2007）认为学会计的毕业生之所以会比学管理的毕业生上手快，从受教育者形成的知识结构来看,会计专业的学生从学习会计原理开始,到学基础会计、财务会计、成本会计、公司会计,再到学财务管理、财务分析、审计以及会计制度设计等,有理念性的知识,更有记账、算账、报账等操作性的技能。经过这样训练的毕业生,上可以做从事财务管理的高层管理人员,下可以做进行直接操作的会计人员。反观管理专业的毕业生,由于在学校所掌握的除了管理原理、管理思想之外,剩下的多数是概念技能和人际技能,因而学生毕业以后,从事生产管理不会编制生产作业计划,不会做生产流程图;从事人力资源管理不会做人力资源规划等。由此,他提出创立"管理工艺学"课程的设想,以解决管理专业学生动手能力不佳的问题,以使管理专业的学生能像会计专业的学生一样学以致用。

二、国外学者的观点

Donaldson(2002)认为现代商学院引入了大量的经济学、心理学、社会学等社会科学知识,但这些知识是否对管理学有所裨益是值得怀疑的。传统观点认为经理人员的不胜任源自他们知识的不足,传授新知识可使管理人员变得胜任。经济学理论、委托代理理论、战略管理理论、制度理论(institutional theory)以及判断偏差理论(judgemental bias theory)是当今商学院广为传授的理论知识,但它们与管理教育的目的是相冲突的。例如,经济学理论之一认为市场是有效率的,因为有众多的竞争者会努力去发现市场的不足以使他们自己从中获益,他们对新事物的警觉,及时行为会使市场的不完善只能在短时间存在,企业因此只能获取平均利润,但这与管理教育能使企业获取持续的竞争优势的教育宗旨是相矛盾的。再如,战略管理理论中的资源基础理论(resource based view, RBV)认为企业的竞争优势可源于企业拥有的不可替代的,不可模仿的稀缺资源,但是事情若真是如此,那些成立于错误时期的不幸运的企业又该如何呢?RBV 学者认为该理论有助于企业认识它们拥有的稀缺资源,但是这些企业的竞争对手又该如何获取竞争优势呢?基于以上分析,Donaldson 认为管理学知识应该被"诅咒",改变这一现象的可行途径是创建一些可以提高管理者决策能力的理论。

Vermeulen(2005)认为学术界在二十多年前就开始意识到管理研究对管理实践产生的影响十分有限,管理理论与管理实践似乎脱钩,二者互不相关。学术界在坚持严格的学术标准与实践相关的取舍上偏向了前者，以至于管理理论与管理实践趋于不相关。Miner（1984）分析了32个组织理论的重要性、效度及有用性，发现这三个变量之间几乎没有任何关系。Thompson（1956）认为管理研究需要关注突出问题，也需要关注未知的领域，要求管理理论立即为现实所用的观点是不正确的。

Chia及Holt（2008）认为学术界关于学术严谨（传授及研究严格的，不带情感的，独立的管理学知识）与实践相关（传授及研究可用于实践的管理学知识）的争论越来越多，这涉及如何认识管理知识的性质。他们认为管理知识可分为两类，一是一般知识（knowledge-by-representation），二是例证知识（knowledge-by-exemplification），前者从管理现象中抽象而出，可代表现实中持续发生的管理现象。例证知识从现场获取，是活的知识，没有一般意义上的效度，而且是不可传授的。一般知识阻碍学生形成如下管理观：管理需要管理者沉浸到具体问题中去，深入感知具体过程，管理是科学，但更多的是艺术，需要将现实中的混沌变为清晰。他们认为管理教育应该做到一般知识及例证知识并重。

Revans（1998）认为程序性知识（泛指书本知识或理论知识）与现实存在差距，当无法预知明天会发生什么时，谁也不知道哪种知识最为经济适用，因此仅仅学习程序性知识是不够的，程序性知识只可用来答疑，不可用来解决问题。孔茨及韦里克（1998）在其编写的《管理学》教材中借用案例表达了如下思想：管理学知识不像物理学知识那样能用来解决问题，管理学是否需要等待几个世纪才能发展成为像物理学那样精确的科学呢？

综合国内外学者的研究可以看出，学者们注意到了管理知识与实践不太相关，亦即管理知识不太实用这一现象，但在管理知识应该如何发展上存在区别，部分学者认为管理学应该像物理学、工程技术学那样发展，成为一门精确的科学；也有学者认为管理更多的是艺术，需要管理者沉浸到问题中去，亦即管理学知识不需要朝精确的方向发展。

第二节 《伤寒论》知识体系脉络

一、《伤寒论》简介

《伤寒论》原书名为《伤寒杂病论》，或《伤寒卒病论》，为后汉张机（约公元150—219年）所著。张机，字仲景，今河南南阳邓县人。《伤寒论》全书5万余字，414条（刘渡舟，2015；伤寒论条目为后人所分，版本不一，条文数量不同），载方113首，用药91味。《伤寒论》中记载的药方疗效可靠，切合临床实际，为历代医家所反复验证，被后世尊为“经方”，张仲景本人也被后人尊为“医圣”。

《伤寒杂病论》问世不久即受到兵火战乱的严重破坏，现存《伤寒论》主要内容为以下六篇：辨太阳病脉证并治法（上、中、下三篇），辨阳明病脉证并治法，辨少阳病脉证并治法，辨太阴病脉证并治法，辨少阴病脉证并治法，辨厥阴病脉证并治法。《伤寒论》的突出成就是确立了六经辨治体系，即从太阳经、阳明经等六经着手对疾病进行辨治。下面仅对《伤寒论》太阳篇条文脉络进行梳理，从中可窥《伤寒论》体系全貌。

二、太阳上篇条文脉络

太阳上篇共有条文31条，可分为两节。1~12条为第一节，为概述；13~31条为第二节，介绍桂枝汤证、桂枝汤证类证及桂枝汤证变证。

1. 概述

第1~12条论述太阳病总纲，太阳中风及伤寒的脉证，太阳病传经的脉证，太阳病类似病温病及风温，太阳病欲解之时，太阳病发热真假的辨别等。例如，第1条为总纲，论述太阳病脉证：“太阳之为病，脉浮，头项强痛而恶寒”；第2条论述太阳中风的脉证：“发热，汗出，恶风，脉缓”；第3条论述太阳伤寒的脉证：“体痛，呕逆，脉阴阳俱紧”。

2. 桂枝汤证及桂枝汤证类证

第13~20条论述桂枝汤证，桂枝汤证类证——桂枝加葛根汤证，桂枝汤误治及禁治治则，特殊病人如何使用桂枝汤以及使用桂枝汤后的表现等。例如，第13条论述太阳中风的脉证及治法："阳浮阴弱，啬啬恶寒，淅淅恶风，翕翕发热，桂枝汤主之"；第14条明确使用桂枝汤的主证为"头痛，发热，汗出，恶风"，或许前条说理较为抽象，此条特加说明，以增强临床指导作用；第15条论述桂枝加葛根汤的主证为"项背强几几，反汗出恶风"，此汤证为桂枝汤证类证。

3. 桂枝汤变证

第21~31条论述桂枝汤证变证的处置。例如，第21条论述服桂枝汤发汗后遂漏不止的变证，由"桂枝加附子汤主之"；第23条论述太阳病误下后脉促胸满的变证，由"桂枝去芍药汤主之"；第25条论述服桂枝汤后邪盛，"反烦不解者，先刺风池、风府，却与桂枝汤则愈"；第27条论述服桂枝汤后大汗出后热入阳明，"大烦，渴不解，脉洪大者，白虎加人参汤主之"。

桂枝汤有本证、类证、变证，这从逻辑上好理解，但桂枝汤证类病机究竟如何，究竟有多少类证、变证，为何有这些类证、变证，为何有此脉象，为何应如此处方等，医家尚未形成共识，业外人士借助多种注解，众多研究论文，也难知一二。例如，关于桂枝汤证病机如何，杨尊求及黄贵华（2022）认为：古今医家及诸版教材关于桂枝汤证的病因病机存在疑议，注家众多而鲜有注意到体质基础者；从病人的基础体质出发重新认识桂枝汤证的病因病机，有助于揭示仲景书中桂枝汤法的原理。从此可以看出，桂枝汤病机如何，医家仍在探讨之中。太阳中篇及下篇中各证类的机理同样也是难以明了，故不由得引人感叹，"经方之难精，由来尚矣。"（曾凤，2012）这也许是中医难以发扬光大的重要原因之一。

三、太阳中篇条文脉络

太阳中篇共有条文104条，可分为以下十一节：①第32~35条，葛根汤证类（包括本证及类证，下同）；②第36~42条，麻黄汤证类；③第43~61条，桂枝汤及麻黄汤治则；④第62~71条，汗后阴阳心脾虚诸证；⑤第72~78条，水停五苓散证；⑥第79~86条，热郁栀子豉汤证类；⑦第87~93条，禁汗诸证；⑧第94~99条，汗下表里治序；⑨第100~115条，邪入胁下柴胡汤证类；⑩第116~131条，火误及吐误证类；⑪第132~135条，下焦蓄血抵挡汤证类。

葛根汤含麻黄、桂枝，此证无汗，或许因此，葛根汤被归入太阳中篇，并放在此篇的开头，与桂枝证类相衔接。五苓散证为太阳病变证，故放在太阳中篇；栀子豉汤证类亦如是（岳在文，云梁，岳慧等，2005）。柴胡汤证为表邪入里，转入半表半里，抵挡汤证也是外邪入里，热结于下焦，故都放在太阳篇。下面仅对麻黄汤证类及桂枝汤麻黄汤治则脉络作进一步梳理。

1. 麻黄汤证类

第36~42条论述麻黄汤证治及其类证——大小青龙汤证治。第36条论述麻黄汤证治，提出了麻黄汤八证——头痛、身疼、腰痛、骨节疼痛、发热、恶风、无汗、喘。第37条论述太阳与阳明合病，喘而胸满者，不可下，仍宜麻黄汤。第38条论述太阳病十日以上，如脉浮细而嗜卧者，外实已解；如胸满胁痛，与小柴胡汤；如脉但浮者，与麻黄汤。第37条与第38条提示太阳有传阳明及少阳的趋势。第39条论述有麻黄汤证且烦躁者，大青龙汤主之，但若脉微弱，汗出恶风，则不可服。第40条论述脉浮缓，体表有水气者，也可由大青龙汤发之。第41条论述表寒且心下有水气，由小青龙汤主之。第42条论述服小青龙汤由不渴变为渴，此为寒去欲解。

2. 桂枝汤麻黄汤治则

第43~46条论述桂枝汤证再治治则：外证未解须解外，外证不罢不可下。第43条论述外证未解，脉浮弱者，仍须用桂枝汤解外。第44条论述下之微喘，表未解者，由桂枝加厚朴杏子汤主之。第45条论述外证未解，不可下也，下之为逆，解外须用桂枝汤。第46条论述汗下后，脉浮者，不可下，仍须用桂枝汤解外。

第47~48条论述麻黄汤治则：表证时久仍须解，阳重而衄可自愈。第47条论述伤寒八九日不解，表证仍在，仍须用麻黄汤，阳气重者会发烦，目瞑，剧者必衄，衄乃解。第48条论述伤寒自衄者可自愈。

第49~53条论述先表后里，里虚不可发汗，表实可发汗的治则。第54~56条论述自汗桂枝调营卫，自衄不愈用麻黄的治则。常自汗出者为卫气不共荣气和，可用桂枝汤复发汗使荣卫和而愈；若无他病，时发热自汗出者，为卫气不和，在汗出前可用桂枝汤发汗而愈。第56条论述伤寒自衄而不愈者，由麻黄汤主之。第57~58条论述辨别表里，在里治里，在表发表的治则。第59~60条论述自和可自愈，汗下须谨慎的原则。凡病，诸法治后亡津液，阴阳自和者，必自愈；大下后复发汗，小便不利为亡津液，勿治，待小便利必自愈。第 61 条论述下后发汗，会导致内外俱虚，出现诸多变证。

四、太阳下篇条文脉络

太阳下篇共有条文 52 条，可分为以下 5 节：①结胸证；②热入血室证；③支结微结证；④痞结证类；⑤其他结证，包括热结证，或有痞结证，风湿相搏证。这五部分都属于实证，都带有“结”的特征，热入血室为热与血相结，风湿相搏也可视为风湿搏结。下面仅对结胸证及痞证类进行梳理。

1. 结胸证

第 136 条指出“按之痛，寸脉浮，关脉沉”为结胸，须与之辨别开来的藏结（脏器机能衰竭）则为“如结胸状，饮食如故，时时下利，寸脉浮，关脉小细沉紧”。第 137 条进一步论述“藏结无阳证，不往来寒热，其人反静”。第 138 条论述结胸、痞结的原因。第 139 条论述大陷胸丸证。第 140 及 141 条论述结胸证脉浮大者，下之则死；结胸证悉具，烦躁者亦死。第 142 条论述大陷胸汤证的形成过程及主证。第 143 条提出大陷胸汤三证：脉沉而紧，心下痛，按之石鞕。第 144 条论述大柴胡汤与大陷胸汤的区别。第 145 条论述阳明实证与大陷胸汤的区别。第 146 条论述小陷胸汤证。第 147 条论述结胸者素有水饮停于心下。第 148 条论述太阳病下后脉证的诸多变化。第 149 条论述太阳病误用水疗的处置及寒湿结胸证。第 150 条论述太阳与少阳并病，时如结胸，当用针刺法，不可发汗。

2. 痞证类

第 157 条论述伤寒五六日出现柴胡汤证而反下后的三种转归，一是柴胡证仍在，与柴胡汤；二是心下满而鞕痛，为结胸，由大陷胸汤主之；三是满而不痛，为痞，宜半夏泻心汤。第 158 条论述太阳少阳并病，反下会成结胸，且下利不止，水浆不下。第 159 条论述气痞的形成——伤寒下之，邪入里作痞，按之濡。第 160 条论述胁下结水的十枣汤证，此证有下利，呕逆，心下痞鞕满，与痞证类似。第 161 条论述痞证不可用烧针治疗，否则会胸烦，面色青黄，肤瞤，难治。第 162 条论述心下热痞由大黄黄连泻心汤主之。第 163 条论述心下痞复恶寒汗出者，由附子泻心汤主之。第 164 条论述五苓散证也可有心下痞，服泻心汤不能解。第 165 条论述胃中不和，干噫食臭之痞应由生姜泻心汤主之。第 166 条论述日下利数十行，胃中虚，客气上逆之痞应由甘草泻心汤主之。第 167 条论述滑肠利不止之痞应由赤石脂禹余粮汤主之。第 168 条论述吐下汗后大虚，心下痞鞕，气上冲咽喉，眩冒，经脉动惕者会久而成痿。第 169 条论述心下痞鞕，噫气不除者，由旋覆代赭汤主之。第 170 条论述太阳病下后，表邪入肺化热者，虽汗出而喘，不可更行桂枝汤，若复有心下痞，亦不可行泻心汤，应与麻黄杏仁甘草石膏汤。第 171 条论述携表热之里寒下利，虽心下痞鞕，应由桂枝人参汤主之。第 172 条论述表与痞的治序，应先解表后治痞。第 173 条论述泻心汤与大柴胡汤的辨别，心中痞鞕，呕吐，下利不畅者由大柴胡汤主之。第 174 条论述胸中有邪气，此时寸脉微浮，虽胸中痞鞕，不宜泻心汤，宜与瓜蒂散。第 175 条论述胁下素有痞，连在脐旁，痛引少腹，入阴筋者，实为藏结，不治。

第三节 《人力资源管理》知识体系脉络

《人力资源管理》是工商管理硕士的核心课程，也是企业管理人员培训的常规课程。《人力资源管理》教材一般包含职位分析、人力资源规划、招聘、培训、绩效管理、薪酬管理等内容。下面基于德斯勒(2003)编写的流行教材《人力资源管理》，对职位分析这一章的知识脉络进行梳理。该节包含职位分析的性质，收集职位分析信息的方法，职位说明书的编写，任职资格说明书的编写，“无职位”社会的职位分析等五节内容。

一、职位分析的性质

该节讲述什么是职位分析，职位分析所获信息的应用，职位分析的步骤三方面的内容。其中职位分析的六个步骤为：①确定将如何使用职位分析的信息；②了解职位有关的背景信息，包括组织结构图、工作流程图以及职位说明书；③选择有代表性的职位；④收集有关职位活动、工作条件、职位对任职者品性及能力要求等信息，进行职位分析；⑤与任职者及其上级一起核实信息；⑥编写职位说明书和任职资格说明书。

二、收集职位分析信息的方法

该节介绍职位信息收集方法中较为重要的面谈法、问卷法、观察法、日志法、量化的职位分析技术，以及如何利用多种信息来源。以面谈法为例，该部分包括的内容有面谈法的优缺点，典型的提问方式，面谈准则。

三、职位说明书的编写

该节介绍职位说明书的一般内容，包括职位标识、职位概述、工作联系、工作职责与任务、工作绩效标准与工作条件，并给出了范例。

四、任职资格说明书的编写

本节分三种情况讨论任职资格说明书的编写，一是受过训练者的任职资格说明书与未受过训练者的任职资格说明书的编写，二是基于判断的任职资格说明书的编写，三是基于统计分析的任职资格说明书的编写。大部分职位的任职资格是根据主管及人力资源经理的经验来编写的。

五、"无职位"社会的职位分析

现代社会中部分职位没有固定的职责，出现了职位弱化(dejobbing)的现象，该节讨论了这一现象，指出该类职位说明书主要是说明任职者需要哪些技能，而不是做哪些具体工作，比如要求雇员学会两种新的软件语言。

第四节　《伤寒论》桂枝汤及《人力资源管理》职位分析知识比较

一、桂枝汤

桂枝汤是《伤寒论》的首方，相关条文叙述了：①什么症状可用桂枝汤，如第十三条"太阳中风，阳浮而阴弱。阳浮者热自发；阴弱者汗自出。啬啬恶寒，淅淅恶风，翕翕发热，鼻鸣干呕者，桂枝汤主之”，第十四条“太阳病，头痛发热，汗出恶风，桂枝汤主之”；②相似症状如何鉴别，如第十五条“太阳病，项背强几几，反汗出恶风者，桂枝加葛根汤主之”；③经其他治法后，有桂枝证者可否用桂枝汤，如第十六条“太阳病下之后，其气上冲者，可与桂枝汤，方用前法；若不上冲者不得与之”，第二十三条“太阳病下之后，脉促胸满者，桂枝去芍药汤主之。若微寒者，桂枝去芍药加附子汤主之”；④服用桂枝汤后如不痊愈可能会哪些出现情况，应如何治疗，如第二十五条“太阳病初服桂枝汤反烦不解者，先刺风池风府，却与桂枝汤则愈”。

从上述条文可以看出，医学生如果理解及记忆住了桂枝汤证的相关条文，经过实习辩证、用药，就可获得经验，之后就能诊断及治疗桂枝汤证，可说医学知识是实用的，可操作的，能精确到诊治方案，由此，医学是一门精确的科学。遗憾的是，《伤寒论》条文中有太多难懂的地方，将其融会贯通，难之又难，原因可能是东汉时期由于书写、印刷不便，古人著书文字十分精简，致使后人难以理解，也或许是医理深奥，非常人所能轻易参悟。

二、职位分析

职位分析被认为是人力资源管理的基石，教材所含知识详细地介绍了什么是职位分析，如何进行职位分析。粗略地看，如何进行职位分析，理论知识已比较完备。但是，实际运用起来，理论知识还存在以下不足，没有回答是写实还是写是，应该由谁来做，究竟应该采取什么方法等问题。

职位分析写实指对企业现存的劳动分工关系进行描述；职位分析写是指开展深入研究，找出较优且目前可行的劳动分工关系，然后对其进行描述。职位分析的根本目的应该是改进劳动分工关系，而不仅仅是供人力资源管理部门用来招聘等外用，从这一目的来看，职位分析应该是写是，而不是写实。职位分析应该写是并不是完全否定写实的做法。当企业初次进行职位分析时，写实的做法是可取的，也是有积极意义的，它可以使企业现有的分工关系明晰化，为进一步的职位分析打下基础。但是，职位分析若仅停留在写实的阶段就与职位分析应该写是的理念相背离了。

职位分析的可选主体有人力资源专职管理人员、在职员工及直线经理(Subject Matter Excepts),以及外部咨询师。从职位分析应该写是的理念来看,在职员工及直线经理应成为职位分析的主体,人力资源专职管理人员及外部咨询师只能起参谋作用。职位分析带有探索性、创新性。员工、直线经理是工作的直接完成者及管理者,是他们自身工作领域的专家,职位分析由他们作为主体来完成是理所当然的。在职位分析过程中,员工不参与进来,职位分析的质量肯定是较低的,职位分析结果的应用效果也将会是不好的。只有企业内形成全员参与的局面,企业内劳动分工关系的调整才会取得实效,才会不断向理想状态逼近。

鉴于职位分析具有写是的特点,且员工、直线经理应成为职位分析的主体,因此,员工及直线经理群策群力、共同研究的方法将是较为可行的方法。企业各部门负责人需要经常思考本部门的劳动分工关系以及企业总体的劳动分工关系,企业也应该鼓励员工对他们自身及企业的分工关系进行思考,提出合理化建议。这样,企业的分工关系才能不断得到改进,职位分析才会取得实效。

三、《桂枝汤》与《职位分析》知识点的不同

比较《伤寒论》桂枝汤知识与《人力资源管理》职位分析知识,二者的不同是非常明显的。前者难懂,但若弄懂了,就具有可操作性,经过短时期实习,习得者就可用它来指导辩证、开方;后者易懂、易学,但难以操作,因为劳动分工关系的改进,要群策群力,要长期深入思考,这远比学习职位分析的知识要难。

第五节　管理学知识的指南性

从前面的分析可知管理知识是指南性的。管理知识的大部分内容如战略管理、营销管理、人力资源管理、研发管理等都是程序性知识,不具有可操作性,只是指明了管理行为的方向。管理知识中的会计学知识、统计学知识等,相对于战略管理、营销管理等知识,更接近于实用,但这些知识在管理知识中所占比例不大,另外,即使是这些知识在精确性上也没有达到像医学知识一样可以精确到药

方的程度。

管理知识从总体上看不能精确到可操作的程度，这与管理活动本身的特性相关。管理中人、物的具体特性复杂，变数较多，以至于难于做进一步的抽象、概括，即使是处于同一地方的、使用相同设备生产同样产品的两家企业，因为人不同，其管理制度、管理行为会有所不同。例如一个企业可能是独裁的，另一个企业可能是民主的。这不似某种疾病，它在不同地区、不同人身上的表现是大致相同的，人对某种药物的反应也是大致相同的，或者可以大致分别出不同的情况进行描述。因此，医学知识在已知领域内可精确到制定出诊疗规程的程度，管理知识的不精确性则是固有的。

管理知识的指南性并不否认管理知识的科学性及实用性，管理知识只要经得起实践检验，它就是科学；管理知识只要能指导管理实践，它就是实用的。法约尔曾言，在技术领域内，一个领导人不可能违反某些已经确立的规则而不失去自己的威信，而在管理领域内，他可以泰然地去做一些最令人恼火的事情（法约尔著，曹永先译，1999：17）。他因此倡导进行管理研究形成管理规范，开展管理教育使管理者熟悉、遵循管理规范。比如，他提出不同层级的管理者应具有不同的能力组合，这一思想如果能在实践中得到运用，其效果是巨大的。再如，泰勒的科学管理原理，在实践中已显示出巨大的威力。因此，管理知识的指南性并不意味着管理知识不重要，没有效力。只是在管理知识的指导下，管理者仍要做大量艰苦细致的工作。这种艰苦细致的工作不是有了管理知识就可以免除。例如，如何制定企业战略，其指南可能只有数页纸，但根据指南制定出来的数据翔实的战略可能有数十万字。依靠指南，制定战略可少走弯路，可提高效率。

第四章　企业管理人员核心技能构成、性质及分级

鉴于管理学知识是指南性的,企业管理人员拥有依据指南而为的相应技能就显得十分重要。本章首先对现有管理人员技能理论进行比较分析,从中归纳出管理人员应具备的核心技能,其次对企业管理人员核心技能的特性、实质进行探讨,然后在此基础上提出企业管理人员核心技能的大致分级。

第一节　核心技能构成

一、国内素质理论比较

国内有代表性的管理人员素质理论有:李悦及孙彤提出的七类素质论,石金涛、冯羡诗及王莉提出的四类技能论,王重鸣及陈民科提出的胜任力特征论,赵曙明、白晓明及赵宜萱提出的三类胜任素质论,贾旭东及解志文提出的核心能力论。上述诸论所包含的具体技能及素质类别,它们要么可分别归入概念技能类,人际技能类,技术技能类及自控技能类,要么就是这四类技能的综合表现,如表4-1所示。下面对不能直接归入上述四类技能的能力素质进行归类分析。

表 4-1 国内理论提出的能力素质归类

学者	能力构成	概念	人际	技术	自控
李悦 孙彤 2000	政治素质		√		
	思想素质	√	√	√	√
	道德素质		√		
	知识素质			√	
	能力素质	√	√	√	√
	身体素质				√
	心理素质	√	√	√	√
石金涛 冯美诗 王莉 2002	领导与激励技能	√	√	√	√
	计划与组织技能	√	√	√	√
	决策与创新技能	√	√	√	√
	专业与控制技能			√	
王重鸣 陈民科 2002	价值倾向		√		
	诚信正直		√		
	责任意识		√		
	权力取向		√		
	协调监控能力	√	√	√	√
	战略决策能力	√	√	√	√
	激励指挥能力	√	√	√	√
	开拓创新能力	√	√	√	√
赵曙明 白晓明 赵宜萱 2005	做人		√		
	整合—学习—创新	√			
	平衡		√		
贾旭东 解志文 2003	洞察力	√			
	意志力				√
	包容力		√		
	省觉力		√		
	价值力		√		

1. 可归入概念技能类的素质

赵曙明、白晓明及赵宜萱提出的整合—学习—创新循环，贾旭东及解志文提出的洞察力，可归入概念技能类。整合，是将方方面面的情况整合起来，自然属于概念技能。学习，是对新事物的认识，或对已有事物的深入认识，形成新的概念，同样属于概念技能。创新，是在对整体深入认识的基础上进行的，也属于概念技能。洞察力是指透过事物的表面现象准确认识事物本质的能力，是对整体中的人理、物理及事理的深层次把握，属于概念技能。洞察力中含有对人的洞察力，对人的洞察力属于人际技能，但对人的洞察从属于对事的洞察，因此，洞察力从总体上可归入概念技能。

2. 可归入人际技能类的素质

李悦及孙彤提出的政治素质主要体现在以为人民服务为宗旨，以消费者为上帝上，应属于人际技能。王重鸣及陈民科提出的价值倾向、诚信正直、责任意识、权力取向，其功用主要在于构建和谐的人际关系，可归入人际技能类。贾旭东及解志文提出包容力、省觉力、价值力，其主要功用同样在于构建和谐的人际关系，也可归入人际技能类。

3. 可归入自控技能类的素质

人的身体素质一般而言主要取决于是否勤于锻炼，合理控制饮食，有效控制不良情绪等，因此，李悦及孙彤提出的身体素质可归入自控技能类。

4. 可归入四类技能综合表现的素质

李悦及孙彤提出的思想素质主要体现在有强烈的市场观念和效益观念，有雄心壮志和敢冒一定风险的精神，有艰苦奋斗、自力更生的作风，有实事求是、追求真理的科学态度，有民主意识和群众观点，能坚持民主集中制上。敢冒风险，涉及对整体的把握，需要一定的概念技能；艰苦奋斗，需要好的自控技能；民主意识强，人际技能则强；有科学态度，必然重视技术。因此，李悦及孙彤提出的思想素质应是概念技能、人际技能、技术技能及自控技能这四类技能的综合表现。心理素质涉及对事物整体方方面面的把握，涉及对自我情绪的调控，自然是概念技能、人际技能、技术技能及自控技能这四类技能的综合表现。石金涛、冯羡诗及王莉提出的领导与激励技能、计划与组织技能、决策与创新技能，王重鸣及陈民科提出的协调监控能力、战略决策能力、激励指挥能力、开拓创新能力，也是概念技能、人际技能、技术技能及自控技能这四类技能的综合表现。协调需要有对整体的把握，需要熟悉技术因素，需要不断努力，因此除了有必要的人际技能外，还要有好的概念技能，技术技能及自控技能；激励人也同样如此，需要概念技能、人际技能、技术技能及自控技能协同作用，单凭人际技能是不够的。

二、国外素质理论比较

国外较为流行的管理人员素质理论有:①Katz 的三项技能论;②Butcher 及 Harvey 的元能力论;③Pedler, Burgoyner 及 Boydell 的素质论;④Colins 的第五级领导论;⑤Hogan 及 Warrenfeltz 的四类技能论;⑥Mumford, Todd 及 Higgs 的九种认知技能论;⑦Whetten 及 Cameron 的十种技能论。上述诸论所包含的具体素质类别,同样的,要么可分别归入概念技能类、人际技能类、技术技能类及自控技能类,要么就是上述四类技能的综合表现,如表 4-2 所示。下面对不能直接归入上述四类技能的素质进行归类分析。

表 4-2 国外理论提出的技能素质归类

学者	能力构成	概念	人际	技术	自控
Katz 1955	概念技能	√			
	人际技能		√		
	技术技能			√	
David Penny 1998	认知能力	√			
	自我认识能力		√		
	情绪弹力				√
	个人发展动力				√
Pedler Burgoyner Boydell 2001	所在组织的基本知识			√	
	相关的职业知识			√	
	对相关事件的敏感与持续关注				√
	分析判断及决策能力	√			
	社会性技能		√		
	情绪弹力				√
	用长远的眼光回应突发事件的能力	√			
	创造能力	√			
	头脑敏捷	√			
	学习能力	√			
	自我知识		√		
Colins 2001	执着				√
	谦虚		√		

续表

学者	能力构成	概念	人际	技术	自控
Hogan Warrenfeltz 2004	自我管理技能				√
	人际关系技能		√		
	领导技能	√	√	√	√
	商业技能	√	√	√	√
Whetten Cameron 2020	自我意识		√		
	压力管理和幸福管理	√	√	√	√
	创造性地解决问题	√			
	支持性沟通		√		
	获得权力和影响力	√	√	√	√
	激励员工	√	√	√	√
	冲突管理	√	√	√	√
	授权与委托	√	√	√	√
	建设有效的团队	√	√	√	√
	领导积极的变革	√	√	√	√

1. 可归入概念技能类的素质

David 及 Penny 提出的认知能力，Pedler，Burgoyner 及 Boydell 提出的分析判断及决策能力、用长远的眼光回应突发事件的能力、学习能力、头脑敏捷、创造能力，Mumford，Todd 及 Higgs 提出的除经验智慧外的其他八种认知能力可归入概念技能类。

认知包括对物、事、人三方面的认知，人及物寓于事之中，认知能力最终体现在对事的认知上，因此，可将认知能力归入概念技能类。分析判断及决策，是基于对物、事、人三方面的认知进行的，因此，分析判断及决策能力也可归入概念技能类。用长远的眼光回应突发事件的能力，需要有很好的分析判断及决策能力，自然也属于概念技能。概念技能强的管理人员，能快速认识新事物的方方面面，其学习能力必然强；能敏感察觉局部的微小变化对整体的影响，其头脑自然敏捷；能对事物的方方面面进行重新组合，其创造能力自然也强。因此，学习能力、头脑敏捷、创造能力也都可归入概念技能类。

2. 可归入人际技能类的素质

David 及 Penny 提出的自我认识能力，Pedler，Burgoyner 及 Boydell 提出的自

我知识，Colins提出的谦虚，威坦及卡梅隆提出的自我意识、支持性沟通可归入人际技能类。

自我认识能力是指能像旁人看你一样认识自己，知晓自己的动机、价值观及需要的能力，为处理好人际关系所必须，显然属于人际技能类别。同样地，自我知识，自我意识，谦虚，支持性沟通也是搞好人际关系所必须，也都可归入人际技能类。

3. 可归入自控技能类的素质

自控技能是指管理人员能专注于所管理的事务的能力。David及Penny提出的情绪弹力、个人发展动力，Pedler，Burgoyner及Boydell提出的对相关事件的敏感与持续关注能力、情绪弹力，Colins提出的执着可归入自控技能类。

管理人员能管理好自己的情绪，保持情绪弹力，自控技能自然强；管理人员有强劲的个人发展动力，自然会专注于工作，其自控技能也自然强。管理人员能对相关事件敏感，持续关注，是自控技能强的表现；管理人员对工作执着，是自控技能强的直接表现。

4. 可归入四类技能综合表现的素质

Hogan及Warrenfeltz提出的领导技能及商业技能，威坦及卡梅隆提出的获得权力和影响力，激励员工，冲突管理，授权与委托，建设有效的团队作，领导积极的变革，压力管理和幸福管理能力，都是概念技能、人际技能、技术技能及自控技能的综合表现。

领导技能包括鉴别及招募有才能的人，训练队伍，激励，建立共同的愿景；商业技能包括制订计划，管理预算，成本及收入预测，绩效评估，成本控制，战略管理等方面的内容。上述技能都是针对具体的管理事务而言的，管理人员处理具体的管理事务，自然需要概念技能、人际技能、技术技能及自控技能的全面支持。威坦及卡梅隆提出的获得权力和影响力、激励员工、冲突管理、授权与委托、建设有效的团队作、领导积极的变革，也都是针对具体管理事务的，同样需要上述四种技能的全面支持。压力管理和幸福管理需要合理安排时间，分清轻重缓急，积极与他人合作等，也需要综合运用上述四种技能。

三、企业管理人员的核心技能及其相互关系

1. 核心技能

从上面的分析可知，国内外企业管理人员素质理论所提出的诸多素质类别要么可直接归入概念技能、人际技能、技术技能及自控技能这四种技能类别，要么就是这四种技能的综合表现。因此，概念技能、人际技能、技术技能、自控技能应为管理人员的核心技能。明确管理应具备的核心技能，有利于找准管理人员开发的着力点，以及合理选用开发方法。管理人员的核心技能与其他素质的关系如图 4-1 所示。

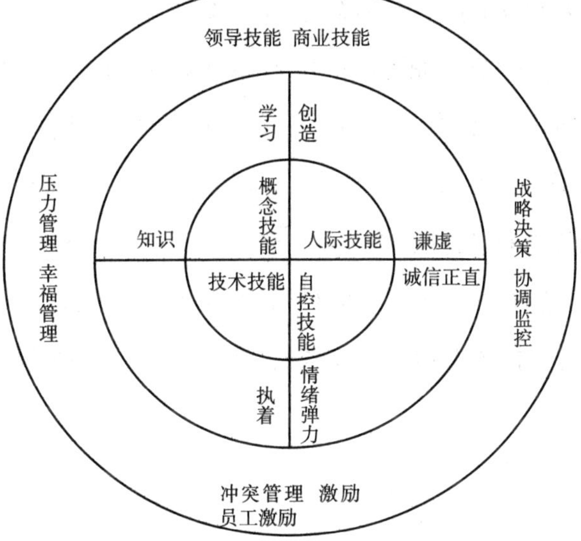

图 4-1　核心技能与其他素质关系示意图

2. 核心技能间的相互关系

1）自控技能对概念技能、人际技能、技术技能起支撑作用

概念技能、人际技能、技术技能、自控技能四者中自控技能是最基本的，自控技能水平不足，概念技能、人际技能及技术技能上升不到较高水平。很难想象自控技能差的人能将企业运行的方方面面想清楚，形成完整的、清晰的图像；也很难想象自控技能差的人能面对压力，保持情绪弹力，与同事保持和谐的关系；同样的，自控技能差的人也很难将本专业知识融会贯通，并具有企业管理所需的其

他相关知识,从而具有较好的技术技能。自控技能与概念技能、人际技能、技术技能的关系如图 4-2 所示。

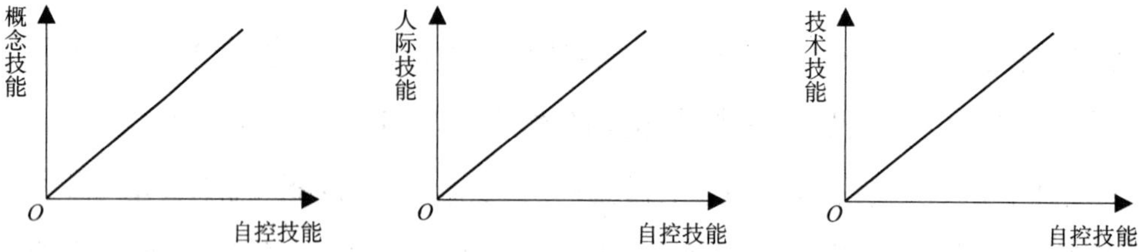

图 4-2 自控技能对概念技能、人际技能及技术技能的支撑作用

2)概念技能、人际技能、技术技能三者间相互影响

概念技能、技术技能及人际技能三者之间相互影响,相互促进。概念技能上不去,不能运行较为复杂的知识系统,技术技能显然也上不去;没有好的概念技能,不能把握事物运行的方方面面,自然就不能将人与人之间的关系放在整体中进行思考,人际技能也上不去。同样的,没有好的人际技能,不能以利益相关者的利益最大化为工作目标,没有对他人利益的深切关心,对企业运行的方方面面就难以深入研究,概念技能、技术技能自然也上不去。技术技能不好,对事物的技术方面的认识就会存在不足,进而对事物整体的把握就会有所欠缺,同时,对技术所涉及的人际关系就难以明了,因此,概念技能、人际技能也不会好。如图 4-3 所示。

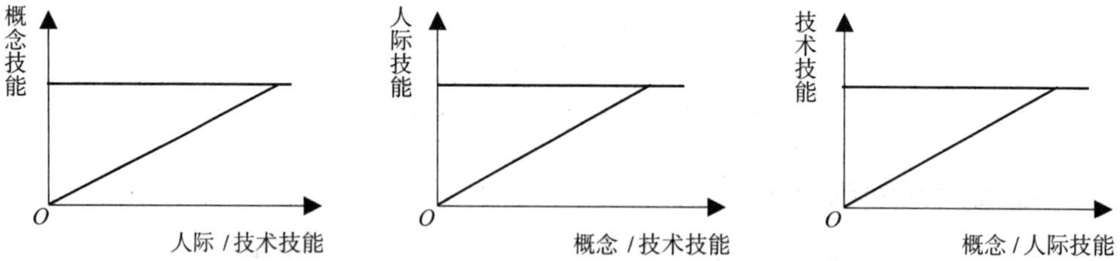

图 4-3 概念技能、人际技能及技术技能的相互关系

3)概念技能、人际技能、技术技能、自控技能四者间的相互关系

综合上述分析可知,自控技能对概念技能、人际技能、技术技能起支撑作用,是最基本的;概念技能、人际技能、技术技能三者之间相互影响,互为支撑。概念技能、人际技能、技术技能、自控技能四者的关系如图 4-4 所示。

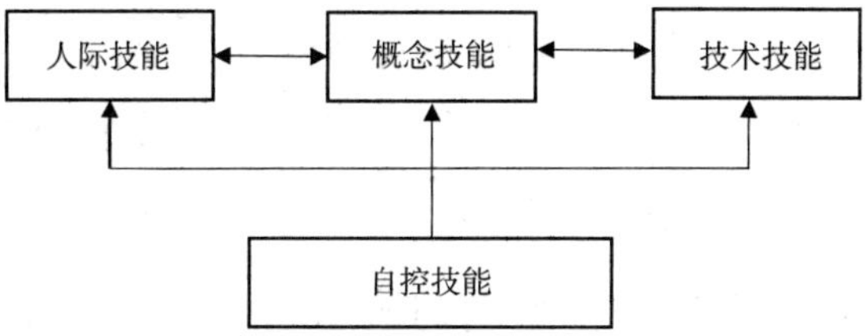

图 4-4　企业管理人员核心技能间的相互关系

第二节　核心技能性质

一、概念技能的特性

1. 心理学对概念技能的一般认识

1）思维的含义

概念技能属思维范畴。如何定义思维，心理学家尚未形成共识，有代表性的观点如下：①思维可分为一般化的定义和更特定的定义两种，前者包括所有的智力或认知活动，后者只包括复杂形式的认知活动，如推理、决策与问题解决；学术上的思维定义和日常定义并无显著区别，大多数非心理学人士对思维的日常概念也包含了问题解决、推理、概念化和决策，认为它不同于知觉、情感、梦、识记和愿望（刘爱伦，水仁德，2002）。②思维就是建立观念之间的联系或联想，从一个观念联想到另一个观念的过程就是思维过程（彭聃龄，张必隐，2004：283）。③思维是符号的操作和假设的运用，当人们面临某种情境时，头脑中会产生一种或多种动作的可能性，这就是假设。如果情境需要人们采取行动，他们就会选择其中的一个假设，并以此指导自己的行动。如果行动获得成功，以后就可以照此办理；如果不成功，这就需要修改或放弃某个假设，并根据新的需要选择新的假设。这就是思维，它是通过符号操作来实现的；由此，思维是人脑对输入信息的加工与处理，人的思维过程犹如计算机对信息的加工（彭聃龄，张必隐，2004：285-286）。

2）概念、推理及问题解决

概念是具有共同属性的一类事物的心理表征。属性，即事物可辨认的各种基本性质或特征，如红、白、大、小等。事物的属性不同于事物的意象，意象具有模拟性和较低水平的概括性。概念在人脑中不是孤立存在的，不同的概念由于它们的内在联系，组成不同的概念网络。人们学习和掌握一门学科的知识，就是学习和掌握相关的概念，形成一种牢固的概念网络。这也即是说，知识体系就是概念体系。

推理是指从已有的概念或概念体系推理出新的概念或概念体系的过程。推理的关键是找到由此及彼的逻辑。推理的逻辑是从实践中产生的，这正如列宁所说："人的实践经过千万次的重复，它在人的意识中以逻辑的格固定下来。这些格正是（而且只是）由于千百万次的重复才有着先入之见的巩固性和公理的性质。"（周文彰，1989）

问题解决是指经过一系列认知操作完成某种思维任务。问题有起始状态，以及欲达到的目标状态。问题的起始状态在人脑中的反映构成初始概念体系，问题的目标状态在人脑中的反映构成目标概念体系，由此，问题的解决过程实际上就是概念体系的转换过程，亦即概念技能的活动过程，其中有着大量的由此及彼的推理过程，或者说路径搜寻过程。问题的起始状态、目标状态及中间的路径搜寻过程统称为问题空间。问题空间越大，问题越复杂，解决问题所需的概念技能水平越高。

对象棋大师和普通棋手的复盘能力的比较研究发现：当棋子在棋盘上随机摆放时，二者的复盘能力相同，二者观察随机摆放的棋子 5 秒后，撤去棋子，再按原样摆放的能力相同，正确摆放的棋子数均为 6 个；当棋子呈残局状态时，象棋大师的复盘能力远大于普通棋手，为 20~25 个，普通棋手仍只有 6 个。其中的原因是象棋大师的长期记忆中有 10，000~100，000 个棋子组块（棋子的固定布局组合），这是实践积累的结果（彭聃龄，张必隐，2004：374-375）。

2. 概念技能的容量特性及精度特性

从上述分析可知，概念技能是问题解决的能力，即运行概念体系的能力。概念体系包含的概念越多，概念之间的关联越广泛；越精细，概念技能越强。因此，概念技能具有容量特性及精度特性。容量特性与精度特性二者相辅相成，缺一不可。没有大的容量，虽有精度，解决不了复杂问题；没有精度，则无以为大，亦即大容量的概念体系建立不起来。概念体系是以概念层层累加的形式存放于大脑中的，如图 4-5 所示。上层概念由相关的下层概念构成，下层概念的数目一般为 3~5 个，多则很难整合成一个新的概念，下层概念再由 3~5 个下下层概念构成……

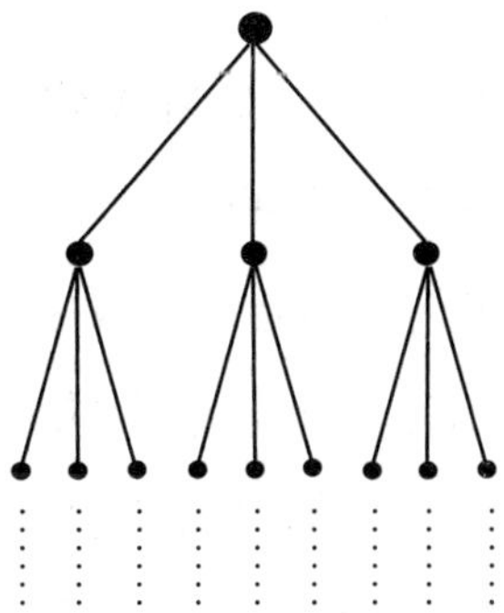

图 4-5　概念体系的构成

二、人际技能的实质

1. 心理学相关认识

1）社会智力

社会智力及情绪智力与人际技能相关。1920 年，Thorndike 给出了社会智力的第一个定义，他将社会智力定义为理解他人，与他人良好协作的能力；1983 年，Gardner 提出了多元智力理论，他认为智力有 9 种不同的类型，其中包含两种类型的社会智力，一种指向其他人的行为、感受与动因，为人际智力，另一种指向自身感受的审查与认知，为内省智力（张毅，李龙辉，2005）。秦启文、黄希庭（2001）认为社会技能由以下因素构成：自信、报答与强化、非言语交流技能、言语交流技能、同理心、合作、关心他人。社会技能较差的人，往往性格内向、悲观，疏远他人，气量狭窄，充满敌意，轻视自我，他们很难获得他人的肯定和奖赏，生活对他们来说有时简直就是累赘（秦启文，2002）。社会智力与社会技能虽是两个不同的概念，但直观地看，它们的实质是一样的，社会智力用于处理社会中人与人之间的关系，即表现为社会技能。

2)情绪智力

情绪智力的概念由 Salovey 和 Mayer 于 1990 年提出,经由 Goleman 的著述而广泛传播。Salovey 和 Mayer(1990)认为情绪智力包括以下能力:①觉察情绪的能力;②运用并产生情绪以协助思维的能力;③理解情绪和情绪知识的能力;④调节情绪以促进情绪和智力发展的能力。Goleman(1998)认为工作场所的情绪智力包括 5 个方面:①自我意识能力;②自我调控能力;③自我激励能力;④移情能力;⑤人际关系技能。上述 5 方面的含义及主要标志见表 4-3。Salovey 及 Mayer 定义的情绪智力的外延较窄,与社会智力中的内省智力有些类似。Goleman 定义的情绪智力的外延较宽,与社会智力的外延基本相同。学者们对社会智力与情绪智力的关系认识不一,有学者认为社会智力是情绪智力的另一个名称,也有学者认为社会智力包含情绪智力,或者情绪智力包含社会智力,或者二者是并列关系。

表 4-3 工作场所的情绪智力

要素	含义	主要标志
自我意识能力	知晓自己心态、情绪、动机以及它们对他人影响的能力	自信 现实的自我评价 自我贬低的幽默感
自我调控能力	控制及调整自己心态的能力 在行动前先思考的良好习惯	诚实、正直 没有对外部混乱的不安 对变化持开放态度
自我激励能力	有地位及金钱以外的工作热情 有追求目标的精力及耐力	强的成功欲 乐观,即使是面对失败 忠诚于组织
移情能力	能察知他人的情绪状态 能根据他人的情绪反应处理与他人的关系	能培养及留住人才 有跨文化的敏感 有对雇员及顾客的服务意识
人际关系技能	精于处理人际关系及建立人际网络 能找到利益关系的共同点并保持和谐	能在环境变化中争取主动 说服力强 善于建立及领导团队

2. 人际技能的仁爱实质

从社会技能的构成来看,报答、同理心、合作、关心他人是社会技能的核心要素。自信,是人能有效处理社会中人与人之间关系以及其他事务而表现出来的一种稳定心态；言语交流技能及非言语交流技能，是为处理社会中人与人之间关系服务的，是工具性的。因此，自信、言语交流技能及非言语交流技能都不是社会技能的核心要素。报答，通俗地看，就是知恩图报；同理心，就是能理解他人的欢乐痛苦，能站在他人的立场上思考问题；合作，就是找到利益的共同点；关心他人，就是在他人忧愁痛苦时给予安慰。因此，社会技能的核心是处理人与人之间利益关系的技能，亦即人际技能；而要有效处理人与人之间的利益关系，己所不欲勿施于人，亦即仁爱是至理。只有具有仁爱之心，人才能在自身行为中兼顾他人利益；才能与他人合作，分享利益；才能在别人痛苦忧愁时，给以安慰。因此，心存仁爱的人，其人际技能必然好；而不仁之人，纵使其非常自信，其言语交流技能及非言语交流技能非常好，其人际技能也必然不好。

情绪智力是人们在觉察、调控情绪方面上表现出来的智力，而情绪又是基于人的需要的，是派生性的，是依它而起的，比如喜爱、悲痛，必有所喜、所悲之物、之事，而某物、某事能否令人生喜、生悲又取决于人的价值观，价值观变了，原先所喜之物可能会令人恐惧，而原先令人恐惧之物也可能让人喜欢。在工作场所，人的需要主要表现在利益之上，因此，在工作场所，人的情绪是依利益关系而起的；而要调节好工作场所的利益关系，仁爱又是正途。所以，在工作场所，心存仁爱之人，讲道德之人，其情绪智力必然好；相反，其情绪智力必然极差。Goleman所定义的情绪智力包括自我意识能力、自我调控能力、自我激励能力、移情能力及人际关系技能五个方面，其中，自我调控能力及自我激励能力属于自控技能类，自我意识能力及移情能力可归入人际技能，因此，除了自我调控能力及自我激励能力，Goleman 所定义的工作场所的情绪智力即是人际技能。

从上述分析可知，社会智力、情绪智力均主要表现在人际技能上。在工作场所，利益关系是人际关系的核心，要搞好工作场所的人际关系，坚持仁爱是至理、正途。因此，就企业管理人员而言，人际技能的实质就是仁爱，其仁爱之心越深厚，其人际技能越强。在工作中实行仁爱，其人际关系就会好，就能与周围的人友好合作；否则，其人际关系必然差，人际技能自然也差。

三、技术技能的特性

根据 Katz 的定义,技术技能是指管理人员具有专门活动领域的知识、分析能力及专业工具的使用能力。知识是概念的有机集合,亦即概念体系;分析能力是用知识去分析实际问题,是知识的运用;专业工具的使用能力是指动手能力。就企业管理人员而言,其工作主要是决策,不涉及具体的专业工具的动手问题。因此,企业管理人员的技术技能实质就是在专门活动领域的概念技能,也具有容量特性及精度特性。

四、自控技能的实质

1. 心理学相关研究

自控技能是指管理人员能专注于所管理的事务的能力,因此,自控技能与心理学中的注意相关。冯特(Wilhelm Wundt)把注意看成是意识领域的一个范围狭小的中心区域,任何心理内容只有进入这个特定的区域,才能获得最大的清晰性和显明性;詹姆士(William James)认为注意的本质是意识的聚焦和集中,即意识离开某些事物,以便有效地处理其他事物;索尔索(Solso)指出注意为心理努力(mental effort)对感觉事件或心理事件的集中;马丁代尔(Martindale)认为人脑中的各个认知单元在当前一刻被激活的程度是不一样的,激活较少的单元处于短时记忆中,成为注意的边缘,而激活最多的单元,占据着注意的焦点(彭聃龄,张必隐,2004:103-105)。

我国古代相关文献对注意有着丰富的认识,如"心不在焉,则白黑在前而目不见,雷鼓在侧而耳不闻"(《荀子·解蔽》),"察秋毫之末者,不见太山之形;调五音之和者,不闻雷霆之声"(《文子·守静》),这表达了两层意思,一是心是注意的主宰,二是注意具有高度的指向性或选择性。注意的对立面是分心,分心就不能明辨事物,即"心枝则无知,倾则不精,贰则疑惑"(《荀子·解蔽》)。这里的"心枝""倾""贰"都可以理解为分心。分心就会对应关心的事物无所知;用心不专(分心)就不能"精";一心两用,就会疑惑不定(顾娅娣, 2001)。人长期注意,即持续性注意某一事物,才能有所成就,此所谓"业精于勤,荒于嬉;行成于思,毁于随”（韩愈《进学解》）；人若三天打鱼，两天晒网，定然一事无成。

2. 自控技能的心力凝结实质

人注意某事物，形成对该事物的意识。人的意识一般可分为当前意识、被抑制住的意识以及潜在的意识三类，这三类意识如果同时存在，心力便被一分为三。一般而言，当前意识及潜在意识是同时存在的，如人在前几天被激怒了，不高兴的余愠还在，此时若思考问题，当前意识保持在思考对象上，不高兴的余愠便处于潜在状态。人在做事时一般都不同程度地带有某种情绪状态，只有高度专注时，潜在意识才暂时退出，只剩下当前意识。带有余愠的人思考问题，如果肚子突然感觉很饿，而他又要继续思考问题，进食的意识则被抑制住，此时，当前意识、被抑制住的意识以及潜在的意识同时存在。

人的意识是受人的心力控制的，如荀子认为“心者，形之君也，而神明之主也”。（《荀子·解蔽》）此处的神明应为意识之意。假定人的总心力为 F，分布于当前意识、被抑制住的意识以及潜在意识上，分别为 f_1、f_2、f_3，此三者的关系如下图 4-6 所示。在图 4-6a 中，f_2、f_3 与 f_1 的方向相反，此时，f_1 受到 f_2、f_3 的牵制；在图 4-6b 中，f_2、f_3 与 f_1 方向相仿，f_1 被 f_2、f_3 分心；在图 4-6c 中，f_1、f_2、f_3 的方向完全一致，或者 f_2、f_3 不存在，此时心力 F 可以完全凝聚，支持当前意识。在图 4-6a 及图 4-6b 中，f_2 可能是非常强大的，比如，饥饿欲食，这一被抑制住的意识有可能因抑制不住而转变为当前意识；f_3 也可能是非常强大的，比如具有自我膨胀心态的人，一旦该心态成为其舒适的心理区域，其身心会受该潜在意识的支持处于膨胀状态，从而耗费大量的心力。这样，支持当前意识的心力 f_1 就会比较弱小。

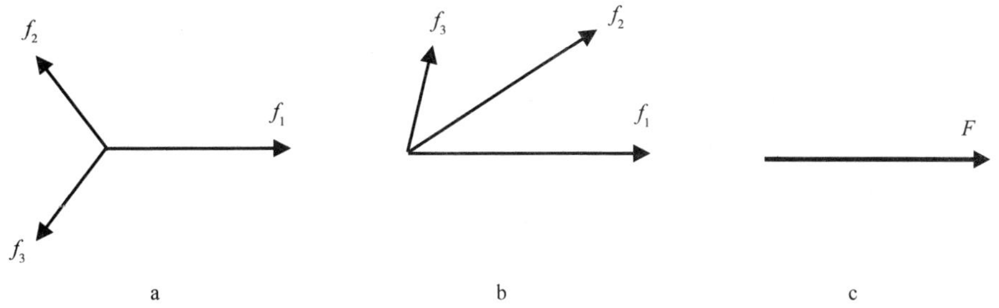

图 4-6　心力的分布

从上述分析可知，f_2、f_3 对的 f_1 干扰越小，f_1 就越强；f_1 越强，f_2、f_3 就越难以干

扰它；当f_1、f_2、f_3合一，人的心力便完全凝结起来，变得强大，此时人的心力可完全用在一件事上。人的心力不断凝结、增强的过程，就是人的自控技能提高的过程。因此，可以认为，企业管理人员自控技能的实质就是心力的凝结。

第三节 核心技能分级

一、概念技能的分级

概念技能如何分级目前还没有成熟的标准，下面参照海氏职位评价方法及我国《企业人力资源管理师国家职业技能标准》（GZB，职业编码：4-07-03-04，下同）提出企业管理人员概念技能的大致分级。

1. 海氏职位评价方法

海氏职位评价方法是美国工资设计专家艾德华·海在1951年开发出来的一种职位评价方法，从职位所要求的知识水平和技能技巧、解决问题的能力以及承担的责任三个方面来对职位进行评价。其中，解决问题的能力的评价与概念技能分级直接相关。海氏职位评价方法中，解决问题的能力从思维环境及思维难度两个方面来评价。思维环境是指定问题解决对工作岗位承担者的思维的限制程度，共分为八级，具体分级和说明如表4-4所示；思维难度是指问题解决对工作岗位承担者创造性思维的要求，共分为五级，具体分级和说明如表4-5所示（赖志煌，2021）。

表4-4 思维环境等级和说明

等级	说明
A. 高度常规性的	有详细的岗位作业指导书来指导具体工作
B. 常规性的	有具体的制度标准规定，可立即获得协助
C. 半常规的	有相对明确的复杂流程，有很多工作案例可参考，并可获得适当的协助
D. 标准化的	有清晰但较复杂的流程，有较多案例可参考，可获得协助
E. 明确规定的	对特定目标，有明确的规定指导
F. 广泛规定的	对目标负责，有宽松的规定指导，但某些方面模糊、抽象
G. 一般规定的	在一般规定的原则下思考，有很多模糊、抽象的概念

续表

等级	说明
H. 抽象规定的	依据商业原则、自然规律、政府的法律法规去思考

表 4-5　思维难度的等级和说明

等级	说明
I. 重复性的	特定的情形，仅需对熟悉的事情作简单选择
II. 模式化的	相似的情形，仅需对熟悉的事情精心选择
III. 中间型的	不同的情形，需在熟悉的范围寻找方案
IV. 适应性的	变化的情形，需要分析、理解、评估、构建方案
V. 无先例的	新奇的或不重复的情形，要求创造新理念，富有创意的解决方案

思维环境 A 为高度常规性的，思维环境 B 为常规性的，二者可归为一类，职位工作性质相当于处理简单流程事务。思维环境 C 为半常规的，思维环境 D 为标准化的，二者可归为一类，职位工作性质相当于处理相对明确的复杂流程事务，或清晰但较复杂的流程事务，需要参考相关案例而为。思维环境 E、G 有目标，但无成型流程，岗位承担者需在明确或不太明确的规定下自主行为，思维环境 F、H 中，岗位承担者需自我设置目标，按一般规定的原则或更宽泛的商业原则等自主行为，此四者可归为一类，相当于自主设计复杂流程并执行。思维难度 I 为重复性的，思维难度小。思维难度 II 为模式化的，思维难度 III 为中间型的，二者均是在熟悉的范围内作分析判断，可归为一类，思维难度不大。思维难度 IV 为适应性的，思维对象是变化的，思维难度 V 为无先例的，二者思维难度大，可归为一类。

将思维环境与思维难度结合起来，粗略地看，思维环境的 A 级及 B 级对应的思维难度为第 I 级，思维环境的 C 级及 D 级对应的思维难度为第 II 级及第 III 级，思维环境的 E、F、G、H 级对应的思维难度为第 VI 级及第 V 级。由此，可将解决问题的能力大致分为以下三个级次，分别为处理简单流程事务的能力，处理复杂流程事务的能力，设计复杂流程的能力。由此，概念技能也可分为以下三个层级，处理简单流程事务能力，处理复杂流程事务能力，设计复杂流程能力。

2. 企业人力资源管理师国家职业技能标准

我国《企业人力资源管理师国家职业技能标准》将企业人力资源管理师分为四级/中级工、三级/高级工、二级/技师和一级/高级技师等四个等级。其对绩效考核模块的部分技能要求如表4-6所示。

表4-6 企业人力资源管理师职业资格标准（绩效管理部分典型条款）

等级	说明
四级/中级工	能够采集绩效信息；能够甄别绩效信息失真；能够应用绩效考评表；能够计算绩效考评结果；能够归档绩效考评资料
三级/高级工	能够从不同维度设计绩效考评指标；能够根据指标性质设定绩效考评标准；能够设计绩效合同；能够设计绩效考评的流程、程序
二级/技师	能够进行绩效管理总体系统的设计；能够进行绩效管理系统的评估与开发；能够分组织层级设计绩效考评指标；能够分岗位类型设计绩效考评指标
一级/高级技师	能够构建战略性绩效管理系统；能够制定绩效管理制度；能够开展组织层面绩效考评；能够设计团队绩效考评体系

人力资源管理师技能水平不同，其概念技能水平自然也不同。以绩效管理部分的技能要求为例，中级工工作内容为采集绩效信息，甄别绩效信息失真等，其信息收集耗时长，需对相关信息进行比较分析，相当于处理复杂流程事务，相应地，其概念技能要求为能处理复杂流程事务。高级工工作内容为从不同维度设计绩效考评指标，根据指标性质设定绩效考评标准等，相当于设计复杂流程，相应地，其概念技能要求为能设计复杂流程。技师工作内容为分组织层级设计绩效考评指标，分岗位类型设计绩效考评指标，进行绩效管理总体系统的设计等；高级技师工作内容为构建战略性绩效管理系统，制定绩效管理制度等；二者所设计的复杂流程为企业全体部门的，其复杂程度更高，二者的差别在于后者更为精深，更具创造性。就企业人力资源管理人员而言，中级工技能水平相当于招聘或培训主管所需的技能水平；三级工技能水平相当于人力资源部长所需的技能水平；二级工技能水平相当于分厂或中型企业人力资源总监所需的技能水平；一级工技能水平相当于总厂或大型企业人资源总裁所需的技能水平。

3. 概念技能分级

借鉴海氏职位评价方法及我国《企业人力资源管理师国家职业技能标准》，

可以将企业管理人员的概念技能分为以下五个层级:第一级,处理简单流程事务能力;第二级,处理复杂流程事务能力;第三级,设计初级复杂流程能力;第四级,设计中级复杂流程能力;第五级,设计高级复杂流程能力。处理简单流程事务所涉及的信息量少,且易获得,办事规则也是简单的、熟知的,企业出纳员、统计员工作属于此类。处理复杂流程事务涉及的信息量较大,时间跨度较长,信息处理规则可能有多条,需要自己去搜寻以及综合权衡。人员招聘、生产成本分析等工作属于此类。设计复杂流程时间跨度更长,需要收集、处理的信息量更大,设计部门员工绩效考核制度(初级复杂流程),设计各部门绩效考核指标(中级复杂流程),制定企业发展战略(高级复杂流程)等工作属于此类。初级复杂流程、中级复杂流程及高级复杂流程的区别也可从对系统的认识深度来理解。初级复杂流程中的事务逻辑基本上是常规性的,其产出不需创造性思维;中级复杂流程中的部分事务逻辑是非常规性的,其产出需要较多的创造性思维;高级复杂流程中的关键事务逻辑是非常规性的,其产出需要大量的创造性思维,需要对事务的前提假设、相互关系进行全面的、彻底的批判性思考。企业普通管理人员,即部门办事员的概念技能应达到上述第二个层级,企业部门经理及高层管理人员的概念技能应达到上述第三、第四、第五层级。企业管理人员概念技能层级划分见表4-7。概念技能第五级案例见第五章HS公司案例,第三级案例见第五章HJ公司案例。

表4-7 概念技能分级

层级	工作性质	工作举例
一	处理简单流程事务	出纳、统计
二	处理复杂流程事务	人员招聘、生产成本分析
三	设计复杂流程 I	设计部门员工绩效考核表
四	设计复杂流程 II	设计各部门绩效考核表
五	设计复杂流程 III	制定企业发展战略

概念技能达不到相应层级,即使具有了相关的技术知识,也不能胜任有相应概念技能层级要求的管理工作。例如,概念技能达不到第二层级,即使学习了招聘、生产成本分析方面的知识也不能胜任招聘、生产成本分析工作,工作中会不

时顾此失彼、相互矛盾;概念技能达不到第五层级,即使学习了战略管理知识也无法制定出合理的发展战略,因为信息的收集量及加工深度都会受到限制。人在体力上的差异较为明显,如举重,一人只能举起 25 千克的箱子,另一人则能举起 50 千克的箱子。倘若将箱子里的重物换成信息,那么,人在概念技能上的差异也能清晰显现。概念技能强的个体能举起包含信息量大的箱子,概念技能弱者则只能举起包含信息量小的箱子。前者可胜任复杂劳动,后者则只能从事简单劳动。

二、人际技能的分级

人际技能是与人建立合作关系、相互协作的技能。在工作场所中,人与人的关系主要表现在利益关系的处理上,不似生活中的人际关系主要表现在情感的处理上。Hogan 及 Warrenfeltz(2003)认为人际关系技能是指“换位思考,正确预计他人需要,使自己的行为与他人的需要合拍,长期专注于他人需要的能力”,此观点应是抓住了人际关系的本质。

现实中人际技能不好的人主要是:①不太在乎他人的感受,如凡事以自己的意志为转移,获得高高在上的心理满足感;②侵占他人的利益,通过损害他人的利益来增加自己的收益。人际技能也表现在沟通能力、自我意识能力等之上,但是,从人际技能的实质是处理利益关系这一点来看,沟通能力、自我意识能力等是工具性的、次要的。在企业中人只要能尊重他人的人格及利益,平等待人,其人际技能就是好的。沟通能力差,只要双方愿意沟通,沟通要传递的信息终能传达;自我意识能力不强,只要心怀善意,经他人提醒,该意识到的总能意识到。

根据上述分析,人际技能可分为以下三个层级:一是不伤害他人的人格及利益,与人友好相处;二是在自己的行为中能考虑他人的需要,协调自己与他人的需要,有一定的牺牲精神;三是能长期主动地考虑他人的需要,帮助他人,有较强的奉献精神。人际技能分级如表 4-8 所示。现实中有极少数管理人员漠视他人正当需要,损人利己,这些管理人员严重缺乏人际技能,其人际技能不能入级、定级。

表 4-8　人际技能分级

层级	特征	行为表现
一	与人和平相处	不伤害他人的人格及利益，在规章制度约束下为他人提供帮助
二	主动考虑他人需要	能够主动考虑他人的需要，并为他人提供服务，但投入力度有限
三	长期主动关注他人需要	能够持续关注他人的需要，并投入相应的时间和精力主动与他人沟通、提供服务，达到领导团队、激励他人的效果

三、技术技能的分级

技术技能主要体现在对相关知识的掌握上，包括：①所在组织的基本知识，如组织目标及计划、组织中的分工关系等；②产品知识、生产工艺等技术知识；③竞争者、替代品、供货商等行业知识，消费者需求、偏好等用户知识，政治经济社会等一般环境知识；④技术管理人员还需熟悉或精通本专业的技术知识。

管理人员应熟悉企业的生产技术知识。例如，没有相关的生产技术知识，企业人力资源管理人员很难设计或理解生产部门的考核指标；企业财务人员也很难有效地进行财务分析。近年来，业财融合逐渐成为国内学术界和实务界广泛讨论的热门话题（谢志华，杨超，许诺，2020）即是此理。华为"掌门人"任正非就告诫华为财会人员，"财务如果不懂业务，只能提供低价值的会计服务"，并为财务人员如何融入业务指出了三个方向：一是参与项目管理，快速地了解企业的业务流程；二是参与经营分析，了解企业经营状况；三是参与预算预测，与业务直接沟通交流（王亚星，李心合，2020）。法约尔认为在大型企业里各类人员都应具有技术技能，越往基层，技术技能所占的比重越高，如表 4-9 所示（法约尔著，曹永先译，1999：10-11）。在大型企业里，经理的管理技能只占 40%，技术技能占 15%，可见法约尔对技术技能的重视。企业是向社会提供产品或服务的组织，产品或服务的形成，技术是第一位的，相关事务围绕它而产生，人因事务所需而加入其中。这就是说，没有相应的技术技能，概念技能及人际技能发挥不了作用。顾基发、高飞（1998）提出物理—事理—人理方法论，将物理放在第一位，事理、人理放在第二、第三位或许是在提示此理。明确物理，与技术技能对应；明确事理，与概念技能对应；明确人理，与人际技能对应。

根据上述分析,可将管理人员的技术技能分为以下三个级次:第一级,熟悉管理知识及企业组织、产品等一般知识;第二级,熟悉企业生产技术的基本知识;第三级,深入了解企业生产技术知识。企业管理人员技术技能分级如表 4-10 所示。

表 4-9 大型企业各类人员技能构成

人员类型	能力					
	管理(%)	技术(%)	商业(%)	财务(%)	安全(%)	会计(%)
工人	5	85	—	—	5	5
工长	15	60	5	—	10	10
车间主任	25	45	5	—	10	15
分厂长	30	30	5	5	10	20
部门领导	35	30	10	2	10	10
经理	40	15	15	10	10	10

表 4-10 技术技能分级

层级	特征	行为表现
一	熟悉管理知识	熟悉生产、市场、财务、营销、融资、安全、商务等企业运营知识
二	熟悉生产技术知识	熟悉生产技术原理、一般工艺知识、主要设备特性、生产技术发展趋势
三	深入了解生产技术知识	对生产技术原理、一般工艺知识、主要设备特性、生产技术发展趋势等有深入认识

四、自控技能的分级

自控技能是管理人员专注于管理工作的能力。自控技能强的管理人员能长期专注于工作,对工作有不断改进、精益求精的追求。专注力一般的管理人员则只能完成上级规定的任务,没有主动改进工作的动力。据此,管理人员的自控技能可分为以下三个层级:第一级,安于完成本职工作;第二级,短时期内专注于工作,对工作进行改进;第三级,长时期专注于工作,不断追求工作改进。自控技能各层级的特征及行为表现如表 4-11 所示。

表 4-11　自控技能分级

层级	特征	行为表现
一	安于完成工作	在考核压力下完成本职工作,没有主动改进工作的积极性
二	短时期专注工作	在受到激励的情况下专注于工作目标,有一时改进工作的主动性
三	长时期专注工作	能自我激励,长期关注工作,自我设置更高的工作目标,追求卓越

第五章　企业管理人员概念技能开发

企业管理人员的概念技能是指其形成企业运行整体观的能力，因此，企业管理人员概念技能的开发过程实质上就是构建涵盖企业运行各方面的复杂知识系统的过程。直观地看，企业管理人员概念技能的开发应遵循先通过理论学习构建理念框架，后在行动中进行学习，将理念框架具体化、丰富化的路径进行。

第一节　理论学习

一、理念提取

理论学习以构建思考企业管理问题的理念框架为目的。该理念框架由《宏观经济学》《产业经济学》《管理学》《战略管理》《营销管理》《运营管理》《新产品开发管理》《财务管理》《人力资源管理》《管理经济学》等教材所包含的基本理念构成。上述每门教材所包含的基本理念约 30 条，十门教材合计约 300 条。

管理知识不以理念的形式构成框架储存于管理人员的大脑中，管理人员在思考管理问题时就缺乏管理知识的指导，就会迷失方向，顾此失彼。这就像英语学习，记忆不了 5 000 多个英语词汇，就不能抛开字典阅读一般性文章；不能将 5 000 多个词汇从大脑中随时调取，就不能正常写作及进行口头交流。管理知识繁多，要将每本教材所包含的知识储存在大脑中是难以想象的，鉴于管理知识是指南性的，这样做实际上也没有必要，将管理知识提炼成一条条理念，构建成理念框架，就可以实现理论指导实践的目的。

现实中，企业管理人员一般缺乏理论知识，自然也就没有能力将理论知识以理念的形式整合起来，形成理念框架。中国企业家调查系统的调查显示，我国企业家队伍文化程度虽较高，本科及以上的比例为 63.4%，但所学专业为管理类的仅占 38.4%,不到一半,详见表 5-1。目前,社会对企业家整体素质的认可度不高,他们的素质评分 2007 年为 3.16 分(最高 5 分,最低 1 分),2022 年为 3.14 分(李兰,王锐,彭泗清,2023)。企业家整体素质评价不高,其理论知识水平一般也不会高。

表 5-1　我国企业家学历及专业分布(2022 年)

最高学历	高中及以下	大专	本科	研究生及以上	
占比(%)	7.9	28.7	47.9	15.5	
所学专业	文史哲法	经济	管理	理工农医	其他
占比(%)	8.8	17.7	38.1	21.9	13.5

理念构建首先是从上述教材中提取管理理念,这一过程可由教师或管理人员自行完成;其次是通过案例分析加深对管理理念的认识与体会;最后是由管理人员广泛阅读案例,将管理理念内化,形成框架。下面以《管理学》《人力资源管理》为例,提出其应主张的基本理念,并对案例分析的使用方法进行讨论。

(一)《管理学》教材应主张的基本理念

1. 总论篇应主张的基本理念

《管理学》教材总论篇主要介绍管理的内涵及管理思想的历史演变。管理的内涵主要涉及如何认识管理,亦即如何给管理下定义。管理如何定义,说法颇多,如认为管理就是决策,管理就是通过他人完成工作的艺术等。本书认同"管理就是研究组织运行规律,然后据此设计组织运行规则"的观点(陈传明,徐向艺,赵丽芬等,2019:22)。这一观点与管理知识的指南性相吻合,亦即管理知识不能用来直接解决现实问题,管理者应该自己去研究现实问题,找出其中的规律,然后依据所发现的规律来制定规则以解决现实问题。

既然管理知识是指南性的,管理者具备相应的技能就显得十分重要。管理者应具备概念技能、人际技能、技术技能及自控技能。没有这四项技能,管理者不可能对现实问题进行深入细致的研究,找出其内在规律,并制定出相应的活动规则。概念技能的养成不是一蹴而就的,而是一个相当艰苦的过程,这其中涉及大量的记忆,比如对管理的基本理念的记忆,对企业产品知识、设备知识、工艺技术知识、企业现有管理制度、行业特点、一般环境等知识的记忆，这不是一件轻而易举的工作。想象我们从小学到大学学习英语十多年，所记忆的英语单词也不过四五千个，而且大多没有记牢，不能在用时及时想起，就可以体会到概念技能形成的困难。人际技能主要涉及协调自己与他人需要的关系，对大多数人而言，这或许需要长期的熏陶，深刻反思自己的价值取向才能得到实质性的开发。自控技能的实质是心力的凝结，也需要管理人员深刻反思自己的价值取向才能得到实质性的开发。技术技能对每一个企业都不一样，需要结合企业的具体情况来进行。

管理思想主要有泰勒的科学管理思想、梅奥的人群关系论、法约尔的组织理论、韦伯的理想行政组织理论、巴纳德的组织理论等。泰勒的核心观点是对工人的工作要寻找最佳操作方法，合理设计工资制度，以释放工人尚未用到工作中去的三分之二的生产潜能。泰勒的管理思想虽然朴素，但他揭示了管理工作的实质是要进行操作方法与工资分配等方面的研究，这与管理就是研究规律、制定规则的认识是一致的。梅奥的人群关系论提出人是社会人，企业中存在非正式组织，管理者应该转变对待员工的态度，尊重员工。将泰勒的管理思想与梅奥的管理思想结合起来看，一个注重了最佳操作方法及工资分配，一个注重了对工人的尊重，这两者对基层管理都是至关重要的，揭示了基层管理的基本原理。法约尔的思想主要体现在其提出的十四项管理原则上，其核心观点是组织工作要合理分工，个人利益要服从集体利益等。韦伯的理想行政组织理论提出行政人员的升迁要有明文的制度，组织成员处理事务应讲规则，讲理性，不讲感情，从更深层次剖析了人性的弱点及其对组织运行的影响。能讲理性的组织是优秀的组织，组织讲理性，最佳的操作方法及工资分配办法才能制定出来并得到实施。巴纳德的组织理论主要提出了组织是自由人的协作系统这一思想，他认为组织是有着共同目标、愿意相互协作并分享信息的人的协作系统。只有这样的组织才能做到对人的充分尊重，也只有这样才能最大程度地释放组织的生产力。综合上述理论，从总体上来看，泰勒主要提出了工作要有最佳操作方法；梅奥主要是呼吁管理者要尊重员工；法约尔主要强调了个人利益要服从企业利益，如此合理的工资制度才能形成；巴纳德更是强调人是自由人，如此企业中人才能得到彻底尊重，才能有效协作；韦伯提出企业中职务升迁，亦即权力分配要有明文规定，企业中办事要讲规则，这样才能从根本上激发企业的活力。

综合上述讨论，《管理学》总论篇应主张以下基本理念：①企业管理就是研究企业活动的规律，并据此制定出相应规则以规范企业运行；②管理知识是指南性的，管理工作要具体问题具体分析，管理的普遍原理寓于特殊性之中；③管理更多地依赖于管理者的概念技能、人际技能、技术技能及自控技能；④管理要研究最佳操作方法，做到报酬公平合理；⑤企业要有明文的升迁制度；⑥管理人员依规则办事而不是讲个人感情；⑦尊重员工，将企业视为自由人的协作系统。

2. 计划及组织篇应主张的基本理念

计划篇主要涉及如何做决策以及制定企业战略目标。决策是管理的基础职能，计划、组织、领导、控制都是通过决策来进行的。如何做好决策，总体而言，一方面管理者要依靠管理知识的指南，另一方面管理者要有很好的四项核心技能。具体而言，管理者还要充分认识到以下四点。①人是有限理性的。人由于知识及能力的缺乏，对事物的认识会有一个不断深入的过程。②决策的依据是信息，管理者应将收集相关信息作为其日常工作的一部分。③决策应遵循满意原则，这一是因为最优难以达到，二是因为管理就是让利益相关者满意，利益相关者满意了，企业就能长期生存发展。④决策应坚持民主原则，只有民主，利益相关者的诉求才能得以表达；利益相关者有参与权、决策权，决策的满意原则才能落到实处。

企业战略目标的制定主要是收集相关信息，找到未被满足的消费者需求，明确企业自身的优劣势，认识行业环境及一般环境所带来的机遇及挑战，然后确定企业长远发展目标。企业战略目标的制定需要全员参与，尤其是企业中高层管理人员应长期收集信息，深入思考，集中讨论，如此才能耳聪目明，知己知彼。企业战略目标的制定首先要充分了解消费者未被满足的需求，只有找到消费者未被满足的需求，企业才会有进一步的发展空间，才不会被市场淘汰。现实中不少企业对消费者需求认识不足，有的企业甚至漠视消费者需求，这将从根本上妨碍企业的发展。企业战略目标的制定同样是一项研究性工作，需要管理者具备良好的四项核心技能。

企业目标的总体分工形成组织的基本架构，由组织设计来完成。组织设计一般包括以下几个方面，组织纵向分为几个层级，横向分为几个部门，部门内设置哪些岗位，每个岗位履行哪些职责。一般而言，企业纵向分为高层、中层、基层三个层级。高层为总经理及副总经理，中层为职能部门经理、车间主任，基层为班组长及普通员工。就中型企业而言，企业一般设置营销、生产、技术、人力、财务、办公室六个职能部门，车间及班组设置主要依据技术因素而定。企业增加或减少一个部门，主要考虑工作量的多少及工作本身的重要性。岗位职责在层级上的划分原则是单个人或单个部门能做好的，应交由个人或部门来做，否则才需要上收。企业的组织结构一般是稳定不变的，部门及岗位的增减都应有充分的依据。企业组织结构的设计有一定之规，是实实在在的，希望通过组织设计点石成金、发挥奇效是不现实的。

企业文化建设是组织篇的另一重要内容。组织文化有精神、制度、物质三个层面。其中精神层面被认为是核心层面。精神层面无疑是重要的，但离开制度支撑，尤其是企业考核制度、工资制度、用人制度的支撑，它将是空洞的。假如企业有着优秀的考核制度、工资制度、用人制度，其文化必然是优秀的。这即是说，企业文化不需要刻意去建设，企业改进管理的同时，也就是在进行文化建设。离开管理制度去强调文化没有实际意义，将成为空谈。企业文化建设需要企业领导身体力行，企业员工往往是通过领导对典型事件的处理来认识企业文化的。企业领导身体力行，企业的重要制度才能落实，才能让普通员工认同企业文化。

综合上述讨论，计划及组织篇应主张的基本理念有：①决策的依据是信息；②决策应遵循满意原则及民主原则；③企业战略目标的设置应立足于消费者未被满足的需求，根据自身条件以及行业环境、一般环境因素而定；④企业组织结构纵向一般分为高层、中层及基层三个层级，横向一般分为营销、生产、技术、人力、财务、办公室六个职能部门；⑤车间及班组设置主要依据技术因素而定；⑥部门的增减依据工作量及重要程度而定；⑦企业文化建设应从建立健全考核制度、工资制度、用人制度着手。

3. 领导及控制篇应主张的基本理念

领导理论回答领导做什么、如何做以及什么样的人能做领导等问题。领导做什么,《管理学》教材一般从关心人及关心生产这两个方面进行论述。早先的观点认为领导既应关心生产,也应关心人,后来的权变领导理论认为领导在这个问题上应相机决策。一般而言,领导应对人与生产两者都关心,领导如能按总论篇所讨论的管理思想来做,就做到了既关心生产,又关心人。现实中确有少数领导只关心生产,或只关心人,这才引发了对领导应做什么这个问题的讨论。理想的领导还应关心企业或部门的长期发展,否则,就退化成一般的管理者,这也是热点话题——领导与管理的区别的由来。什么样的人能做领导,《管理学》教材在总论篇已做了回答,即具备良好的四项核心技能的人才能做领导。

如何激励员工是领导篇的另一主要内容。满足员工需要是激励的出发点。尊重员工,视员工为企业系统的协作者,将员工视作自由人是对员工的根本激励。这即是说,与其讨论如何激励员工,不如将员工视作合作者,员工自己知道如何激励自己。企业的考核制度、工资制度、用人制度是激励员工的根本所在。企业绩效考核不科学、不合理、不严格,不能将优秀员工、差的员工与一般员工区别开来,员工从主观上就不会积极努力地工作。企业的工资制度不能与员工的工作绩效联系起来,不能奖勤罚懒,就不能激励员工在工作上加大投入。企业的用人制度涉及员工的个人发展,企业如果不能通过该项制度为员工个人发展打开通道,员工就不会受到长期激励,努力研究工作、改进工作。沟通也是领导篇的一个重要内容。现实中企业部门之间一般缺乏充分沟通,这主要是受部门利益的限制,企业中高层管理者如果能做到长期集体研究工作,沟通问题将从根本上得到改善。企业中的冲突一般也是由于利益分配引起的,企业如果能明文升迁制度,实行竞争上岗,企业内的冲突也将从根本上得到遏制。

企业各项活动都应有相应的控制,在活动开始之前、之中及之后进行控制,这是常理。企业之所以需要对各项活动进行控制,有环境变化的因素,有执行者能力方面的原因,也有利益方面的因素。利益方面的因素或许最为重要,因此,企业控制的关键在于企业高层,因为只有企业高层才能对个别人偏离企业利益的行为从根本上进行控制。现实中企业控制的另一个难题是如何对各部门进行考核。这需要企业人力资源管理部门深入了解其他部门的工作,企业高层也要熟悉各部门的工作,如此才能合力设计出企业各部门的考核指标。另外,企业中高层管理人员应长期坚持集体研究工作,如此一来各部门工作的难易程度就会曝光,各个部门在工作上的投入、所取得成绩的难易程度及大小就相对较好评价。

综合上述讨论,领导及控制篇应主张的基本理念有:①优秀的领导既应关心生产,也应关心人。②将员工视作合作者是对员工的根本激励。③竞争上岗将极大地消除企业内部冲突;④企业控制的核心问题是防范少数人将自身利益凌驾于组织之上。⑤企业中高层管理人员集体研究工作有助于各部门工作绩效的合理评价;⑥企业高层是企业控制的关键所在。

(二)《人力资源管理》教材应主张的基本理念

企业人力资源管理一般包括职位分析、人力资源规划、招聘、培训、绩效管理及薪酬管理六大职能活动。上述职能活动应在相应的责任人之间合理分工,应遵循各自的基本理念,否则,企业人力资源管理活动就会偏离正轨。

1. 人力资源管理职责分工的基本理念

企业人力资源管理不仅仅是企业人力资源管理部门的事,企业高层、企业人力资源管理部门及其他部门应各负其责。企业高层是企业人力资源管理的责任人,企业各部门经理是本部门人力资源管理的责任人,企业人力资源管理部门是企业人力资源管理活动的组织者,是企业层面各项人力资源管理制度、计划、方案的起草者、执行者、监督者,是企业高层及企业其他部门的人力资源管理顾问。

企业人力资源管理有三项重要制度:考核制度、工资制度及用人制度,这三项制度决定了企业人力资源管理的基本框架。这三项制度虽由人力资源管理部门起草,但最终决策权一般在企业高层。因此,企业高层毫无疑问是企业人力资源管理的最高层次的责任人。在人力资源管理部门与其他部门的人力资源管理职责分工上,现实中存在前者越俎代庖的现象,比如职位分析、员工培训由人力资源管理部门来做,各部门员工的考核指标也由人力资源管理部门来设计,一般而言,这都是不正确的。试想一位将军在前线领兵作战,而其部下完全由后方培训、考核,这显然悖于常理。

综合上述讨论,人力资源管理职责分工的基本理念有:①企业高层是企业人力资源管理的第一责任人;②企业各部门经理是本部门人力资源管理的责任人;③企业人力资源管理部门是企业人力资源管理活动的组织者,是企业层面各项人力资源管理制度、计划、方案的起草者、执行者、监督者,是企业高层及企业其他部门的人力资源管理顾问。

2. 职位分析的基本理念

职位分析的目的是明确岗位职责及上岗条件,因此,职位分析应是直线经理的分内之事。直线经理应对部门岗位设置及职责分工常年进行思考,不断改进。人力资源管理部门应制定相关制度来规范企业职位分析活动,比如职位分析是描述现状,还是加以改进然后进行描述,描述的详略程度如何,分析文本原则上多少年更新一次等。人力资源管理部门还应对各部门职位分析活动是否有效展开进行检查、考核,对部门间分工存在的问题进行调研,提出调整建议。各部门员工应积极参与职位分析,部门内部充分讨论、协商,部门分工关系才会趋于合理。

上岗条件对于普通员工而言,主要是明确技术技能方面的要求,这不难制定,依据应知应会等相关要求,结合工作实际,可以明确。对于技术人员及管理人员,其上岗条件主要涉及相关知识及能力,知识方面可依据学历及相应培训提出,能力主要反映在能否运用专业知识来解决实际问题上,可依据岗位工作的实际要求提出。技术人员及管理人员的上岗条件也可参照国家相关职业资格标准制定,例如,我国有国家企业人力资源管理师职业资格标准,企业人力资源管理人员可参照该标准制定上岗条件。

综合上述讨论,职位分析的基本理念有:①直线经理及员工是职位分析的主体;②职位分析的基本方法是工作研究法;③职位分析应该写实;④上岗条件应根据相关标准及工作真实需要提出。

3. 人力资源规划的基本理念

人力资源规划是依据企业战略对企业未来若干年人力资源的供需进行预测及平衡的相关活动。企业制定出明确的人力资源规划,企业员工才能在组织的未来架构中找到自己的位置,才能受到深层次的激励。人力资源规划的核心是确定人员产出比例,这对于普通岗位是较好明确的,比如,机器设备会有明确的产出标准,也有人员配备要求,如没有相关标准,也可以通过实地观察研究来确定。对于事务性工作的人员产出比,企业直线经理应通过长期观察思考,提出标准。比如,财会人员一天能处理多少账目,财务经理应该仔细研究,提出大致的标准。现实中,事务性工作一般缺乏产出标准,通过问卷调查、工作日写实、工作量分析等方法,应能制定出合理的标准(廖建桥,1998)。企业各部门平时应对部门内部的人员产出关系进行研究,这样在编制人力资源规划时才能做到有理有据。另外,各部门还应该对劳动力市场进行跟踪调查,以了解劳动力供需状况。

综合上述讨论,人力资源规划的基本理念有:①直线经理应对生产人员的投入产出比进行长期研究;②事务性工作也应逐步建立投入产出标准;③企业各部门应对劳动力市场进行跟踪调查。

4. 招聘的基本理念

企业招聘计划应依据企业人力资源规划来制定,招聘方案要在评估以往招聘活动效果的基础上拟定。企业各部门应经常关注劳动力市场,这样招聘广告的投放才能有的放矢。后期的选拔测评,普通员工可主要通过工作样本来进行;技术人员测评应主要看其以往工作业绩,如解决了哪些技术问题,参与了哪些设计,有哪些设计成果;管理人员测评也主要看其以往的工作业绩,如做了哪些调研工作,制定或修订了哪些管理制度,取得了哪些成果,从中即可看出其管理技能如何。通过工作业绩来测评技术人员及管理人员,实际上也是工作样本测试。对于管理人员测评,目前评价中心技术及心理测试较为流行,但评价中心技术若没有用人部门的深度参与,一般来说效果是不好的。心理测试因带有较强的主观性,测试结果也应只作为决策参考,不能作为决策的主要依据。另外,在招聘决策权限的分配上,初选应由人力资源管理部门负责,是否录用则主要应由用人部门决定。

综合上述讨论,招聘的基本理念有:①招聘计划应依据企业人力资源规划来制定;②工作样本测试是人员测试的基本方法,其他测评技术只能作为参考;③人力资源管理部门负责初选,用人部门决定是否录用;④对招聘活动及其效果应进行评估,不断改进招聘流程。

5. 培训的基本理念

企业培训可分为部门培训及企业层面培训两类。部门培训应由各部门负责,企业层面培训面向企业整体,应由人力资源管理部门负责。普通员工的培训主要是操作技能的培训,这应结合工作实际来进行,有的放矢,主要方式应为师带徒,培训效果评价依据工作业绩是否提高来进行。管理人员的培训也应主要针对工作中存在的问题来开展,行动学习应是适宜的方法。利用某些流行书籍开展管理人员培训,其效果可能是不佳的,因为管理人员只有面临真实的压力,才会有真实的培训需求,才会投入时间去认真学习。对于技术人员培训,行动学习也应是适宜的方法,同一设计小组的人员定时或不定时地沟通交流,可能比集中利用教材进行培训效果更好。

培训要取得实效还需要企业绩效及工资制度来保障,否则培训就会流于形式。操作工人通过参加培训提高了技能,工作业绩得到提升,如果工资水平没有相应增加,工人就会失去再次参加培训的积极性。管理人员要提升管理技能,需要转换心智模式,需要艰苦的努力,如果通过学习改进了管理方式方法,提升了业绩而得不到晋升,管理人员就会放弃继续学习。对于技术人员也是如此,如果企业设置了合理的奖励制度,如将技术人员的待遇与其创新成果的市场表现联系起来,技术人员就会主动学习。

综合上述讨论,培训的基本理念有:①企业培训应分层进行,人力资源管理部门负责企业层面的培训,各部门负责本部门的培训;②普通员工培训主要采取师带徒方式进行;③管理人员及技术人员培训适宜采用行动学习法;④企业应设计相应的培训激励制度,激励员工学习。

6. 绩效管理的基本理念

绩效管理需要上下级一起设定工作目标及考核指标,这是较为朴素的道理。但现实中这一道理常常被违背,指标往往是压下去的。压下去的指标虽也有效,但却少了文明,少了对员工的深层激励。考核指标设计应是一岗一表,因为工作内容不同,考核指标自然不同。管理人员考核应设置分工关系调整、部门内部管理制度改进等软指标。绩效考核还应慎用能力态度指标,因为这些指标具有较强的主观性,往往会导致考核不公平,打击员工的积极性。企业人力资源管理部门应负责起草各部门负责人的考核指标，由总经理办公会议审定。这要求人力资源管理部门熟悉企业的全面业务，这是一个大的挑战。企业要搞好绩效考核，人力资源管理部门不熟悉企业全面业务是不行的。企业要做好绩效考核还要企业总经理班子团结，能对各部门的工作难度、绩效水平达成共识。另外，企业中高层管理人员应集体研究工作，如此，各部门工作的难易程度、成果大小才能相互评价，否则绩效考核也难以有效开展。

针对绩效考核指标设计，目前流行的工具为关键绩效指标（KPI）及平衡记分卡（BSC），这二者在实质上应是一致的。运用关键绩效指标法设计考核指标首先要明确企业的关键绩效领域，然后再确定关键绩效领域的关键绩效要素，最后再根据关键绩效要素来设置关键绩效指标。利用平衡记分卡设计考核指标则是分别从财务层面、用户层面、内部流程层面以及员工学习与成长层面来着手。企业的关键绩效领域一般包括以下八个方面：获利能力、市场地位、生产率、产品领导地位、人员发展、员工态度、公共责任及短期目标与长期目标的平衡（周三多，陈传明，2018：299-300）。对这八个方面进行分类，大致也可归入财务、用户、内部流程及员工学习四个方面。因此，平衡记分卡的四个层面可理解为关键绩效领域的具体化。平衡记分卡四个层面内如何设置指标可根据关键绩效要素而定。这样关键绩效指标及平衡记分卡就统一起来了。不管是使用关键绩效指标还是运用平衡记分卡，关键还是对实际工作有深入的了解，将工作的方方面面认识清楚了，绩效考核指标自然就出来了。

综合上述讨论，绩效管理的基本理念有：①部门负责人设计本部门员工考核指标，部门员工参与指标设计；②一岗一表，做什么就考核什么；③慎用能力态度指标；④人力资源管理部门初步设计各部门考核指标；⑤部门负责人考核应设计部门分工关系调整、部门内部管理制度改进等软指标；⑥企业高层与中层干部一起集体研究工作，企业高层团结，才能客观评价各部门工作绩效。

7. 薪酬管理的基本理念

薪酬管理的核心是合理评价各职位的相对价值，做到公平合理。员工不认可职位评价结果，要调动员工的积极性，充分挖掘员工潜力是困难的。企业开展职位评价要广泛听取员工的意见，在报酬要素的选择、分级、权重及点值的设置上,都可进行问卷调查,充分了解员工的意见,否则职位评价就会流于形式。另外,人力资源管理部门应组织各部门开展职位评价基础工作研究,积累职位劳动消耗、技能要求等方面的基础数据;注意收集同业或本地工资数据。要素记点法是较为合理的职位评价方法,目前其负面评价较多,主要原因可能就是没有充分听取员工的意见。

一般而言,按劳动复杂程度、劳动责任、劳动强度及劳动条件来进行职位评价是适合的。其中,劳动复杂程度最为重要。劳动复杂程度可分为简单流程事务、复杂流程事务、复杂流程设计三类,现实中员工的技能水平也可自然分为这三类。上述每一类可根据企业的具体情况再进一步分级,分级及点值设置都应有明确的事实依据。职位评价应做到消除工资分配上的明显不公平现象,对确实不能度量的劳动差异要给出充分的理由。员工因一般只熟悉自己的工作,对其他职位工作的难度缺乏深入了解,因而对职位评价结果或多或少会有一些意见,这是可以理解的,部门经理及人力资源管理人员应依据事实进行充分说明,或安排职工进行工作轮换,以了解彼此工作的难度。另外,轮岗也有利于不同工作之间相互协作,丰富员工技能。

综合上述讨论,薪酬管理的基本理念有:①在报酬要素选取、分级,权重及点值设置、具体职位评价等方面广泛征求职工意见;②各部门日常开展职位评价相关基础工作研究,积累数据;③各部门留心收集同业或本地工资数据;④实行工作轮换制度,增进员工对其他工作的了解。

二、案例使用

工商管理各门课程的每一或每一组理念应配备一个案例,以使管理人员从中体会理念的作用,案例可长可短,以能充分展示理念的作用为要。理念的整合需要使用大型综合案例,例如,较为详细地介绍一个公司经营实际的案例。下面以《HS 食品工业有限公司失败原因分析》(吴宝新,2010)为例,讨论教学案例的使用。

1. 案例简介

HS 食品工业有限公司是一家以生产、销售面点类、调理类、鱼肉类速冻食品为主营业务的企业，于 1994 年 1 月正式投产，设计年生产能力 3 000 吨，预计年销售收入 2 500 万元。公司成立时，当地市场上的速冻食品几乎全部是饺子，公司生产的水晶包、豆沙包等令人耳目一新，以新颖、特别迅速占领了市场，1994 年 HS 公司生产 230 吨，销售收入 290 万元；1995 年生产 570 吨，销售收入 818 万元，实现利润 80 万元。

总经理的思路：出口车间要改造，出口手续正在办理当中，要日子好过就是搞成出口（1994 年 11 月 24 日）；销售要在原有饭店基础上争取与快餐店、连锁店联系，还要搞一下多种经营，要增加品种，向中档大众化发展（1995 年 4 月 14 日）；HS 的市场很大，但没有一种是能当饭吃的，本地市场上速冻食品主要是饺子，因此要想大发展，品种是个局限因素，要找到能当饭吃的品种，怎么也得出一个主打品种，光靠点心不行（1996 年 9 月 18 日）；原来面点是主打，现在也让人分了（1997 年 6 月 19 日）；今年仍要开发新品种，一是薯条，二是灌汤包和汤饺，另外南瓜饼、土豆饼、芝麻球也在开发（1998 年 2 月）。

公司在管理上存在着作风疲沓、效率低下，标准化程度低、标准不明不全，记录不全、失真、统计失实、不及时，无章可循或有章不循，没有必要的外部信息渠道，控制缺乏有效手段，分工不合理、责任不明确，信息沟通不良、导致协调困难，劳动、人事、分配政策方面缺乏激励性，考核不严格、奖惩不分明等问题，公司于 2000 年 7 月进入破产清算。

2. 案例讨论

该案例可用于《管理学》决策篇下述理念的学习及讨论用：①决策的依据是适量信息；②决策应遵循满意原则及民主原则；③企业战略目标的设置应立足于未被满足的消费者需求，根据自身条件，以及行业环境、一般环境因素而定。该公司总经理在决策上存在一言堂现象，违背了决策的民主原则；在战略目标的制定上没有收集必要的信息，违背了决策的依据是适量信息这一原则。另外，也没有从自身条件、行业环境、一般环境等方面去深入分析，违背了战略决策应遵循的一般程序。教学过程中使用案例分析时应逐步诱导学员进行深入讨论，比如当时的经济环境如何，消费者收入水平如何，生活方式会有哪些改变等，当学员无法得出正确结论时教师再进行讲解。

使用该案例时教师还应引导学员进行管理技能相关理念的复习，可讨论以下问题：①该企业总经理缺乏什么技能？通过分析应可以得出该企业总经理缺乏必要的人际技能及概念技能的结论，即该企业总经理没有平等待人的思想观念，没有内化如何制定企业发展战略的基本理念，其概念技能也没有达到应有的层级；②是否掌握了企业战略制定的基本理念，具备了相应的技能，就能制定出企业发展战略？教师可以引导学员思考以下问题：通过到饭店、商店调查，是否可以了解居民消费习惯及变化，是否可以获得必要的数据来预测未来消费者对高档面点的需求量，如果可以预测未来的高档面点市场销量能达到 3000 吨，再加上如果能预计出我国当时经济形势向好，居民消费水平上升的长期趋势，这样是否可以得出公司应该坚持发展高档面点这一目标方向，而不是以追求大众化为目标方向？如果答案是肯定的，就可明确“理念+技能”就能制定企业发展战略这一观点。当然，这一理念的形成最终要到管理者有了实际制定企业战略的体验后才能确认，但事先的理论认同是必须的。

第二节　行动学习

一、学习机理

1. 相关假设

Revans（1998）在 *ABC of Action Learning* 一书中提出了行动学习的 23 个假定，这 23 个假定可以视作是对为什么需要行动学习以及如何进行行动学习的说明。这 23 个假定的主要思想表现在以下几个方面：①关于程序性知识（programme knowledge，泛指书本知识或理论知识）。程序性知识与现实存在差距，程序性知识（P）只可用来答疑，不可用来解决问题，因此仅仅学习程序性知识是不够的；学习（learning）应是程序性知识学习与行动中反思（questioning insight）的结合，L=P+Q；程序性知识虽是必要的，但在缺乏 Q 的情况下是不充分的，程序性知识不一定能用到实践中去，解决问题需要行动中的反思。②关于行动。管理人员的主要任务是解决问题，管理学习的目的是提高管理人员解决问题的能力，因此学习应寓于解决问题的行动（action）中，反思行动过程远比从一般管理活动中自然所获为多。③关于学习动力。学习是自愿的，人只能在自己的意志下进行学习，并改变自己的行为，不然，他可能会清醒地认识到自己的行为不对而又不愿意去改变它；另外，紧急任务或诱人的机会促进人学习。④关于小组学习。小组学习在行动学习中具有中心地位，小组活动中各成员可学习怎样提供建议，接受批评，以及相互支持解决各自的问题；与同样致力于改变自己的同学们交换意见要比与没有风险压力的非管理人员（如管理学教师）讨论更能促进对过去经验的反思。⑤关于专家的作用。不承担个人责任的专家的过多干预一般来看是武断的，其作用即使是从善意的角度来讲也至多是含糊不清；小组学习可能需要一个促进者，但这个促进者只能是临时的，随后的促进者角色应有小组成员自己来承担。⑥关于学习效果。行动需要反馈才能得到不断地改进；风险能促进真实的学习，没有风险，学习者就不可能深入反思过去的经历以及长期形成的价值观。

行动学习是在认识到程序性知识的不足上发展起来的，因此对程序性知识的看法对行动学习的深入认识具有重要意义。Mumford（1997a）认为 Revans 关于程序性知识的认识在不同时期有一定的变化， Revans 有时倾向于完全否定程序性知识的作用，总的看来， Revans 并不反对程序性知识，而是倾向于将它放在一个解决疑问（可从 P 中导出答案）而不是解决没有现成答案的问题的地位。Mumford 认为真实的学习过程是先提出问题（Q_1），后寻找相关的知识（P），最后结合前两者进一步定义问题，在行动中进行探寻（Q_2）。据此，他提出如下行动学习的公式：$L=Q_1+P+Q_2$。他认为该公式有两个作用：一是改变管理教育的先理论后应用的惯性思维；二是强调学习中不是简单地存在两个过程，一个是 P，另一个是 Q。Sutton（1997）认为行为学习对 Q 型学习的强调淡化了对 P 类知识的不断增长的需要，有将小孩与洗澡水一起倒出之嫌。他认为 P 类知识是永远需要的，至于行动学习究竟需要什么样的 P 类知识则取决于行动学习项目的目标，参与者的类型，问题本身的性质，有哪些合适的材料等。

行动学习理论认为 P 知识只可用来答疑，不可用来解决实际问题，认识到了管理知识的不精确性，但对管理知识的指南性认识不足。鉴于管理知识具有指南性,在行动学习之前先构建理念框架是必须的,这也有利于管理人员在其指导下迅速找准问题,全面深入地分析问题,否则,每每遇到问题再来寻找P知识就会事倍功半。P知识本身是成体系的,临时来找,就可能会遇到找不准,找不全以及不能将其融合起来的问题。事先构建思考管理问题的理念框架可以一劳永逸,该框架可随时指导管理人员发现问题、分析问题。行动学习理论认识到了管理人员在行动中反思的重要性,并高度强调了该重要性,这是非常难能可贵的。在行动中反思,可理解为透过现象看本质,这也是中国传统智慧所高度强调的。管理人员若长期如此,就形成了沉入问题、细心研究的素养。

2. 学习过程

行动学习是由学习项目、学习计划、行动、反思四个环节所构成的一个连续循环。行动学习的项目是行动学习的道场,它必须是真实的,且具有挑战性。行动学习计划贯穿于行动学习的整个过程,包括个人学习计划,与支持者的会谈计划以及参与小组活动的计划。行动指学习者采取措施,解决实际问题。反思是行动学习的核心,它促使学习者从新的角度看待经验,并改变行为(Bunning, 1997)。

行动学习项目进行中学习者组成小组,定期集中开展活动,汇报、讨论各自的进展,问题。Mumford(1997a)认为学习小组活动有以下四个关键环节:(1)分享。小组成员分享他们对欲解决问题的理解、感觉,如希望、害怕、自己的优缺点以及工作场所的一些机密信息等;(2)支持。小组成员之间对各自的观点进行讨论,提供支持或建议,成熟的学习小组会形成我为人人,人人为我的氛围;(3)疑问。小组成员就他人的观点提出疑问,这可能促使他们考虑以前没有考虑到的一些问题,并对自身进行反省。当反思及反省出现时,Q型学习就出现了;(4)回顾。小组停止对问题的探索,就小组活动本身的效率、相互支持程度进行回顾,以利于小组活动的改进。为保证小组活动顺利进行,Mumford认为学习小组活动应遵循以下原则:(1)及时通报信息;(2)每位成员都有使用同样多时间的权利;(3)每位成员都需报告每次会议后的进展;(4)会议集中在问题之上;(5)不外露小组活动内容。Liz, Tom及Paul(1993)提出小组成员应具备或在学习过程中形成以下心态:关心他人利益的心态;承认每位成员都是他们自己问题的专家的心态;换位思考,体会他人感受的心态。他们还提供了小组成员行为方面的指南,如反问自己要提出的问题是否对他人有帮助;积极地、完整地去听,并进入对方的立场,体会对方的感受;不要急于形成或发表自己的观点而打断相互交流、相互学习的过程;挑战最好是站在对方的立场上提出,或者在没有把握时采取间接方式,询问对方是否需要帮助,是否需要他人找出障碍等。

3. 环境要求

Peddler(1996)认为企业在考虑是否采用行动学习方法进行管理人员开发时必须充分考虑企业内部环境,为此,他设计了一个简单的问卷。该问卷包括以下10个问题:①企业是否对提出好问题的人员进行奖励?②人们是否常常提出新的想法?③企业是否有良好的信息沟通?④内部争端是否得到及时处理?⑤企业是否鼓励人们学习新的技能?⑥我们是否花时间对经验进行反思?⑦企业是否有足够的书籍、影片等学习资料?⑧人们是否相互鼓励,并提出建设性的批评意见?⑨我们的工作安排是否具有弹性,是否同时有几种任务?⑩资深管理人员是否欢迎大家开诚布公地交谈?以上每个问题从否到是按5个等级打分,得分20分以下表明行动学习不适合于该企业,21至40分表明行动学习方法可以在该企业中较好地应用,得分40表明该企业已不需要行动学习,或者可用行动学习来开发关键员工。

4. 主要作用

行动学习以形成企业运行的整体观为目的,该整体观由企业发展使命、愿景、中长期战略、各职能战略、各职能活动的关键环节等构成。该整体观的形成即是企业管理理念框架的具体化、丰富化,其中要填入、整合大量的企业具体知识,只有通过持续的行动学习才能完成。行动学习具有以下三个主要作用:

1)培养管理人员长期关注某一具体问题的能力

行动学习项目一般持续一年左右的时间,学习小组成员一般一个月举行一次会议,讨论各自项目的进展、面临的问题以及下一步的打算。在这一年里,管理人员要不断地思考、行动。这一过程促使管理人员不得不长期关注自己的项目,因此,可以培养管理人员长期关注某一具体问题的能力。

长期关注某一具体问题的能力是管理人员必须具备的一种重要能力,属自控技能类。只有该能力提升了，概念技能才能相应提升。现实中，不少管理人员缺乏这一能力，因而导致了管理的浮躁及简单化。管理人员不能长期关注某一问题，其收集到的信息必然是支离破碎的，会疏忽某些细节，甚至大的方面，其概念技能必然上不去，企业运行的整体观必然不完整。

与大学课堂教育相比较，行动学习的这一作用是显著的。大学里某一课程的学习一般只会持续一个学期，学习者以理解与记忆理论知识为要。由于大学生同时要学习多门课程，大学生一般也不会持续地思考某一课程的具体问题，也不会尝试将某课程及相关课程的全部知识融会贯通，系统内化，因此，少了长期关注某一具体问题的能力的训练。

2）促进管理人员养成深入思考问题的习惯

在行动学习小组会议上，每一位参加者都要就自己的问题先提出初步意见，其他参与者随后发表他们的看法，或疑问、或挑战、或支持。这样该问题所涉及的方方面面就会得到深入发掘。在小组会议之间，每一位参与者参考小组会议的意见，形成行动方案，并着手实施。实施过程是对行动方案的检验，也会引发对问题的进一步探索。随着小组会议及个人行动这两个环节的不断反复进行，参与者对其项目活动规律的认识会越来越深入。

养成深入思考问题的习惯实际上是学会如何用脑，人们在如何用脑方面的差距是非常大的，比人们在一般智力上的差距显著得多。一般智力好，人会较为聪明，但若没有养成深入思考问题的习惯，往往会一事无成，此所谓“行成于思，毁于随”。现实中管理人员有追逐管理时尚（fads）及管理简单化的倾向，这是没有养成深入思考问题的习惯的表现。行动学习内含有竞争机制，它促进参与者不断思考问题，成为解决问题的专家，从而在小组活动中赢得他人的尊重；相反，管理人员如不积极思考问题，对自己的项目及他人的问题的认识较为肤浅，就得不到小组其他成员的尊重。因此，行动学习比理论学习及一般性的管理活动更能促进管理人员深入思考问题。

3）训练管理人员的写作能力

行动学习过程中管理人员应对学习情况进行记录（Logs），内容包括较为重要的学习经历，从中得到的收获等，这会有助于管理人员将对经验的反思上升为抽象的概念(Mumford, 1997b),也同时有助于管理人员提高写作能力。学习过程中管理人员应完成以下报告:①所在企业的现状说明,包括企业的战略、组织结构、决策程序,对企业发展具有重大影响的因素等;②所在企业现状的再评价。经过小组讨论后对所在企业的一些基本问题进行进一步认识、评价,如组织结构、管理方式、重大影响因素等;③所在部门与企业内外其他部门的关系分析;④企业各部门整体关系的分析报告,亦即站在企业总经理的角度分析各部门的功能及相互关系(Margaret, 1995)。完成这些报告有助于其概念技能的提高,也有助于写作能力的提高。

二、项目选择

行动学习是真实的人于真实的时间、真实的情境中进行学习,由此,行动学习的项目必须是真实的。只有真实的项目管理人员才有学习动力,才能收到真实的反馈,才能知晓自己是否真实地解决了问题。部门管理人员可选择本部门目前在管理上面临的难题作为行动学习项目,比如人力资源管理部门经理可选择部门员工考核指标设计为行动学习项目,人力资源部招聘主管可选择人力资源招聘流程的优化为行动学习项目,企业分管人力资源管理部门工作的副总经理可选择企业人力资源规划编制为行动学习项目等。

管理人员不在自己的本职工作范围内选择学习项目不利于行动学习的进行。比如,企业人力资源部门经理选择销售部门的难题作为学习项目,很难想象该学习项目能顺利进行。管理人员只有选择本职工作中的难题作为学习项目,才能在不断尝试解决问题的过程中反思自己是否违背了哪些管理理念,是否还有哪些关键信息没有收集到,是否在信息加工过程中犯了哪些逻辑错误等,这样,才能不断深入思考,将问题的方方面面想清楚。如此,现实中的难题才能得到解决,其概念技能才能得到提升。

企业各级管理人员每年都可该选择重要的,亟待解决的管理问题作为行动学习项目,在行动学习中提升自己的概念技能。随着该过程的进行,管理工作会不断改善,企业管理人员对企业运行的认识就会不断加深,其概念技能也会不断提升。不进行管理研究的管理人员,其对企业运行的认识必然是肤浅的、不全面的，其概念技能就会停留在仅具有管理的一般知识，仅有本企业运行的模糊印象的水平，没有完成概念技能的实质性开发，在实际工作中就会常犯教条主义、经验主义等错误。

三、学习组织

行动学习的组织有三种形式：一是企业内部组织；二是管理人员自主进行；三是企业外部机构组织，比如大学 MBA 项目。企业内部组织是指企业制定统一计划，要求管理人员申报学习项目，然后由企业安排或个人自愿组成学习小组，开展学习。如果企业没有行动学习计划，管理人员也可自行选择学习项目，自主进行学习。这时，行动学习就少了小组活动这一环节，由于仍然是真实的人在真实的时间，真实的环境中进行学习，学习同样可以取得实际效果。MBA 项目是指商学院组织已完成毕业论文选题的同学组建线上或线下学习小组，开展行动学习。这要求 MBA 同学以自己本职工作中的难题作为毕业论文选题，如此才符合行动学习对项目的要求。

四、成功案例

1. 案例企业绩效考核现状

HJ 企业生产管理部共有员工 15 名，分为两个小组，生产调度组及外协综合组。生产调度组共 8 人，均由生产调度人员组成，负责全厂生产安排和协调；外协综合组 7 人，工作内容不太一致，其中 3 人是产品外协调度员，负责厂内产品的厂外生产协作，另外 3 人是库房保管员，负责成品及半成品的保管。生产部员工当时没有绩效考核，新部门经理尝试实施绩效考核，于是开始设计绩效考核指标（刘长坡，2004）。该设计过程为自我管理的行动学习过程，历时 9 个月。

2. 学习过程

1）理论学习。购买人力资源管理书籍进行理论学习，了解绩效考核的相关知识，包括如何进行职位分析，如何设计考核指标等。

2）职位分析。职位分析的一般结果是形成职务说明书，包括工作概要、工作职责，资格要求等多块内容。由于此次职位分析的目的是设计考核指标，故学习

者仅对工作职责进行描述。以生产管理部外协调度员职责为例,其职责如下:

(1)接受生产调度人员任务单,在年度、月份计划中登记。

(2)按任务单时间要求,与外协厂家联系并签订合同。

(3)动态关注外协厂家任务进展情况。

(4)出现异常情况,在第一时间与生产调度员沟通。

(5)负责召集检验人员对外协产品验收。

(6)负责外协产品不合格品审理单的传递。

(7)按外协产品不合格品审理单的审理结果,与外协厂家沟通。

(8)每月完成工作小结一份。

(9)配合型号产品复查,负责外协件的数据采集工作。

上述工作职责,看似简单,实际上属于复杂流程事务,需要管理人员有相应的概念技能,否则,就可能错失相关环节,丢三落四,给工作造成损失。要将上述岗位职责清晰地描述出来,也是概念技能的体现,现实中不少管理人员很难完成类似的文字工作。

3)指标设计

按德能勤绩四个方面去设计考核指标,为企事业单位考核指标设计的一般模式。学习者在指标设计上也选择了这一模式。指标初步设计包括德能勤绩四个方面,具体考核指标如表 5-2 所示,后经与职工讨论,去掉了德能两个方面的指标,修改后的考核指标如表 5-3 所示。事实上,考核指标的设计可不要任何模式,做什么就考核什么,指标若过多可选择其中的关键绩效指标。

表 5-2 生产部员工考核指标(初稿)

德	能	勤	绩
1. 责任心	1. 组织协调能力	1. 出勤情况	1. 工作效率
2. 纪律性	2. 信息沟通能力	2. 工作主动性	2. 工作质量
	3. 分析判断能力	3. 加班情况	3. 工作数量
			4. 群众威信

表 5-3　生产部员工考核指标(终稿)

勤	绩
1. 出勤情况	1. 月份计划完成率
2. 加班情况	2. 调度提案动态跟踪情况
	3. 月份计划编制准确率
	4. 月份计划执行了解程度

4)执行情况

生产调度组 8 名员工第一季度的绩效评估结果是:优 3 名,中 4 名,差 1 名。这表明绩效考核达到了区分绩效优和差这两种极端情况,避免了干好干坏一个样的局面的延续。从考核结果来看,若不实行考核,差的员工可能会不止一个,这表明绩效考核是必须的。

5)学习者体会

(1)通过对相关资料的学习,对绩效管理方面的知识有了一个系统的认识,拓宽了知识面。行动学习有助于理论知识的消化、吸收,有 MBA 学员曾言研究生学习期间最有收获的阶段就是论文写作阶段,这表明就知识学习而言,行动学习的效果比课堂教学要好。

(2)通过对生产管理部绩效管理的探索与实施,生产管理部的管理上了一个台阶。有了考核,员工之间的工作好坏就有了明确的结论,有利于调动员工的积极性。

(3)有了绩效评估标准的约束,作为生产管理部的经理,管理变得事半功倍,更加从容。部门有了绩效考核标准,员工可以对照标准评价自己的绩效,可以增进员工工作的自主性。绩效考核能区分出好与坏,员工就会加强自我约束。

(4)这次尝试与探索真正是理论与实践的结合,学习者颇有成就感,是对更深层次的需要的满足。

(5)这次尝试与探索,加强了学习者与职工深层次的沟通,增强了其人格魅力,增强了其作为领导的威信。

第六章　企业管理人员人际技能开发

人际关系的实质是在人际交往中尊重他人的人格及正当利益，亦即在自身行为中兼顾他人的需要，做到“己所不欲，勿施于人”，如此，才能建立起和谐的人际关系，在工作中与他人友好合作。从个人层面来看，培养仁爱之心是提升人际技能的根本途径，克服独断专行、自我膨胀等不良心态是必经的难关。从企业层面来看，着力推行人本管理，建设优秀的企业文化，可使管理人员受到熏陶，增强人际技能。

第一节　培养仁爱之心

一、亲亲为大

虞花荣及付英娜（2019）认为中国传统文化的灵魂就是由儒家“仁爱”思想凝练而成的。“仁爱”思想始于孔子，经后世不断发展。孔子在《中庸》第二十章中说：“仁者，人也，亲亲为大。”孟子继承了孔子“仁者爱人”的思想，孟子云：“君子之于禽兽也，见其生，不忍见其死；闻其声，不忍食其肉。是以君子远庖厨也。”（《孟子·梁惠王章句上》）这即是说君子爱人，亦爱物。北宋张载言：“为天地立心，为生民立命，为往圣继绝学，为万世开太平”，将仁爱的思想发挥到了极致。

肖群忠（1998）认为仁首先是对他人痛苦的一种同情与关切，这种同情就是孟子所言的“四善端”之一的恻隐之心，它是对他人痛苦的悲怜、体恤、不忍、怜悯、怜爱，简而言之即同情与关切。管理人员应对普通劳动者有仁爱之心，管理人员脱离了繁重的体力劳动，应有白居易之言“今我何功德，曾不事农桑”似的自省，深切体会并尊重普通劳动者工作的辛苦，与普通劳动者同呼吸，共命运。

二、克己复礼

如何才能修养自己的仁爱之心?《论语·颜渊》有以下记载:颜渊问仁。子曰:“克己复礼为仁,一日克己复礼,天下归仁焉。为仁由己,而由人乎哉?”颜渊问:“请问其目。”曰:“非礼勿视,非礼勿听,非礼勿言,非礼勿动。”颜渊曰:“回虽不敏,请事斯语。”此处的礼应是泛指正理,即人与人交往的正当道理,“非礼勿视,非礼勿听,非礼勿言,非礼勿动”皆是对人与人交往中的正当行为的举例。人与人交往中,克服自己的私念及不正当行为,据正理而为,“请事斯语”,就能做到“仁爱”。“曾子曰:吾日三省吾身,为人谋而不忠乎,与朋友交而不信乎,传不习乎?”(《论语·学而》)管理人员在日常生活中时常反省自己,仁爱之心就会不断增长。

人有无穷无尽的欲望,而欲望是必须控制的。荀子认为“好荣恶辱,好利恶害,是君子、小人之所同也”。(《荀子·荣辱》)“今人之性,生而好利焉,顺是,故争夺生而辞让亡焉。生而有疾恶焉,顺是,故残贼生而忠信亡焉。生而有耳目之欲,有好声色焉,顺是,故淫乱生而礼义文理亡焉。然则从(纵)人之性,顺人之情,必出于争夺,合于犯分乱理而归于暴。”(《性恶》)。因此,人的自然本性之中包含有对社会秩序和伦理规范的潜在威胁,当这些本性向外扩展无度的时候,便导致了世间的一切暴行逆施。张自慧(2011)认为“克己复礼为仁”的命题同样适用于今天的中国和世界,它将为中国的社会主义精神文明建设和人类全球伦理的建立提供有价值的借鉴。

儒家的仁爱思想体现在现代组织管理中就是人本管理。陈传明、徐向艺及赵丽芬(2019:28)等认为组织活动的管理即是对人的管理,也是通过人进行管理,人是组织的中心,也是管理的中心,人本原理当是管理的首要原理。管理人员将企业员工视为合作伙伴,在工作安排、利益分配等一切活动中都做到以人为本,就体现了仁爱的思想,就能使企业和谐健康发展,其人际技能自然会达到最佳水平。

三、不断薰习

管理人员要增强仁爱之心,需要不断自我薰习。具体途径有:①每日阅读儒学经典。《论语》《孟子》《荀子》等传统儒学经典里有大量关于仁爱的说理及事例,每日阅读,可增强仁爱之心。阅读经典可起到提醒自己的作用,每日阅读,实际上是每日提醒自己。②时常反省自己的行为。例如,在与员工的交谈中是否认真听取了他们的意见?在自己的相关行为中是否考虑到了他人的利益?③见贤思齐,向优秀人物学习。现实中有大量的道德楷模,先进人物事例,可留心他们的事迹,作为自己的榜样。中国历史上也有大量的修身成仁的事迹,可从中受到激励,如王阳明的致良知。国外也有不少相关人物故事,可资借鉴,如日本保险推销之神原一平为给客户留下好印象,亲近关系,不断在镜前及走路时练习笑容,后来感觉到自己的脸与以前不同,大放异彩了(原一平,1985)。

第二节　克服不良心态

当管理人员具有独断专行,自我膨胀,好大喜功等不良心态时,其仁爱之心必然不强,其周围的人势必受到不利影响,为建立和谐的人际关系,管理人员必须克服此类心态,如此才能归于礼,归于仁。

一、独断专行心态

独断专行心态源于强烈的权利欲望,唯我独尊,有此心态的管理人员在权力鼎盛时期,往往肆意践踏他人的尊严,漠视他人的存在;在获取权力以及权力弱小时期,要么结党营私,要么与同事摩擦不断,其人际技能自然是极差的。独断专行心态的克服在于要从根本上认识到权力是用来为委托人服务的,独断专行并不是决策能力强;在个人修养上,要防微杜渐,在此心态开始出现时就着力去克服它,培养自己的德行,用德行去约束它。

权力能给拥有者带来快乐,但权力在本质上是为委托者服务的。如果管理人员以追逐权力为乐,就违背了权力的本来目的。权力可能带来不正当的经济收益，还可使他人屈从，这都能给权力拥有者带来快乐，但这种快乐是建立在他人经济上受损及人格上受辱的基础上的。经济上的收入可以通过正确运用权力，努力提高绩效来获得，所谓君子爱财，取之有道，滥用权力来获得是不道德的。使他人屈从的至极是建立起自己的王国，其实，建立王国无非是为了使自己在王国内能行使自由意志，从而获得一种由意志的畅达所带来的精神上的快乐。从快乐的本质来看，建立王国使自己的意志畅达与苦练书法使自己意志畅达二者所得到的快乐是等价的。王国的建立与维持有着极高的成本，需要苦心经营，同时也是以牺牲他人的尊严为代价的，有着极高的运行维护成本。如果管理人员致力于寻找管理活动的内在规律，按规律办事，同样可以使自己的意志畅达。另外，所谓的王国是虚幻的，王国之外还有王国，人是不可能支配一切，使自己的意志完全通行无阻的。

独断专行与决策能力强是两回事。独断专行是管理人员通过独断专行，畅达个人意志而获得心理上的满足、享受。决策能力强是指决策的科学性，或者敢于下决策。独断专行有利于快速决策，独断专行者也往往敢于决策，但独断专行往往与决策的科学性相矛盾。决策的科学性从根本上讲需要决策的民主性来保障。此所谓一人计短，众人计长。因此，认为独断专行是决策能力强的表现是不对的，以此为借口来实行独断专行是荒唐的。

二、自我膨胀心态

自我膨胀是指企业管理人员凭借企业在市场上的地位或自身的业绩而形成的漠视事物变化、漠视他人存在与需要的一种自高自大的心态。具有这种心态的管理人员往往将超出竞争对手作为自己的人生目标，一旦做到或自认为做到，就开始享受这种至高无上，天地间只有我的感受，很难与同事建立起良好的合作关系。处于自我膨胀心态的管理人员不会再去注视市场或其管理对象的细微变化，他甚至还会漠视，拒不承认已经发生的变化。具有自我膨胀心态的管理人员一般会以行业老大自居或以生产某产品的人自居，喜欢受人迎奉，听不进去不同意见，傲慢。

自我膨胀心态的克服首先是管理人员必须意识到自己具有这种心态，明确是自己喜欢这种感受，并利用已有的条件制造了这种心态，而不是已有的事实足可以使他形成这种心态。因为事物总是发展变化的，世界上不存在永恒不变的事物，今天的成就不等于明天的成就。正确的心态应该是居安思危，此所谓惧者生存。自我膨胀心态的克服还需要管理人员反思其生活目标，明确企业是向社会提供产品或服务的经济组织，而不是其满足个人种种不健康私欲的场所。自我膨胀心态的克服会是一个长期的过程，具有这种心态的管理人员要逐步学会谦虚，戒骄戒躁，摆正自己与他人，本企业与其他企业的关系，学会看到别人的长处及自己的不足。

三、好大喜功心态

好大喜功心态是指企业管理人员在工作中脱离实际给部门或企业确定过高的目标以赢得众人喝彩或上级青睐的不健康心态。具有此类心态的管理人员往往只收集有利于他们制造轰动事件，自己建功立业的信息，而常常忽视不利的信息。对自己的成功事例大肆渲染，对自己的失误则往往委过于人或归罪于客观因素。对具有好大喜功的人来说，为众人注目，迅速晋升是其生活的主要偏好或目的，因此，他们很难与周围的人搞好关系。他们往往不能沉下心来去研究问题，因而收集不到较为全面的信息，并且他们的逻辑推理时常为个人目的所左右。具有好大喜功心态往往会给其所在的部门或企业带来损失。

好大喜功心态的克服同样需要管理人员反思其生活目标，明确虚假的东西最终会给自己带来伤害。好大喜功，就会损害他人的利益，破坏与他人的和谐关系，就不利于工作开展。具有此种心态的管理人员需要明白“非常之时，非常之事，成就非常之人”的道理，此所谓“时势造英雄”，人有所成就，固然是自己努力的结果，但不遇其时，不遇其事，亦即没有时事所需，人是不能凭空成就的，没有他人的帮助，人也是不可能成功的。

人在追求事业成功时，应按规律办事，相关条件不成熟，事情是办不成的，其结果是事与愿违。比如，将企业做大做强，这本无错，但前提是消费者希望企业做大做强，离开了消费者需求，妄求将企业做大做强，事业就不会顺利。再如“生当作人杰，死亦为鬼雄”，也应是前提条件的，即众人需要某人成为人杰，为大众谋福利。离开了大众福利，妄求做人杰，也是不对的。“人不知而不愠”（《论语·学而》），“不以物喜，不以己悲”（《岳阳楼记》），人应该有这种心态。具有好大喜功心态的管理人员培养自己的平常心，正确地对待名与利，在工作中要多方听取意见，并尊重他人的意见，如此才能与人正常沟通，与他人建立和谐的工作关系。

四、空谈虚浮心态

空谈也是在企业管理人员中较为常见的一种心态，具有此种心态的管理人员十分注意以自己的言谈来引起上级的重视及下级的钦佩。他们往往有很多先进的思想、独到的见解以及对未来的美好规划等，但很少谈及眼前问题及近期可实现的目标、措施，对实际工作要么采取形式主义，要么一般应付。此类管理人员是虚伪的纯功利导向者，多见于官僚主义盛行的企业。长此以往，他们就会损害与同事的良好合作关系。此类心态的克服需要管理人员树立起长远观点，明确企业的官僚主义是不会长久的，应将自己的精力转移到工作上来，通过提高工作业绩来谋求个人发展。

五、自我欣赏心态

具有自我欣赏心态的管理人员往往十分注重自身形象的宣传与维护，并着力去建立良好的公众形象。此类管理人员一般具有较强的远景规划能力及吸引追随者的能力，但在接受批评、倾听、同情、培养下级等方面存在不足。此种心态虽有积极的一面，但在根本上是与人际技能的指向相悖的。此类心态的克服需要管理人员充分认识此种心态的负面效应，推己及人，你的追随者与你一样需要一个好的公众形象，舞台是大家的。另外，与独断专行心态的克服一样，自我欣赏心态的克服也在于防微杜渐，在此心态开始出现时就着力去克服它。

六、理想主义心态

具有理想主义心态的管理人员往往因排斥组织中的权益因素而不积极主动地与他人合作，时间一长，便有可能将自己与环境割裂开来，与组织貌合神离。

具有此类心态的管理人员需要正确对待组织中的权益因素，要认识到它是一种客观存在，是不以个人意志为转移的，作为个体，必须正视它，从心理上接受它，树立起经营自己人生的观点，逐步学会与他人合作，在合作中发展自己，并通过自身行为来减轻组织权益冲突的负面影响，对组织发展做出贡献。

第三节　组织文化熏陶

企业着力建设优秀的组织文化，可使管理人员在优秀的文化氛围中不断熏陶，增进爱心，提高人际技能。下面通过宁波华尔人本管理案例来进行论述。

一、公司简介

宁波华尔是一家生产电推剪的企业，生产车间工人实行计件制，为改进生产管理，提高准时交货率及产品质量，企业拟推行计时制。这一改革遇到来自以下两个方面的阻力：一是班组长的阻力，计件制下，工人们都争抢单价高的工序，班组长可利用分配工作的权力谋取私利，计时制下这一权力将被取消；二是来自工人的阻力，计件制下工人上班时间较为自由，计时制限制了他们的自由。为此，劳资冲突激烈，导致工人罢工（曲庆，富萍萍，孟非等，2021）。

二、改革过程

（1）总经理带领四位高管参加在当地举办的大型传统文化论坛，通过参会学习认识到了中国传统文化的魅力，决定尝试通过引入中国传统文化，实行人本管理来改变公司目前面临的困局。

（2）总经理要求向他直接汇报的高管早上到办公室来一起诵读《弟子规》。读了几个月后，大家都觉得很痛苦，因为口读心不读，没有带来行为上的任何改变，一些高管还在背后抱怨。

（3）选送 30 名平时工作表现差的员工参加读经夏令营，诵读《弟子规》《论语》等传统经典。员工出发时，总经理亲自送出；员工回来时，总经理亲自迎接。员工回厂的第二天，公司举行座谈会，有的员工懊悔过去对父母的不孝，有的对过去顶撞上级的行为进行当面道歉。

（4）公司制定《员工行为准则》，明确员工行为规范，并对公司的计时制改革进行了反思，认识到是当时的改革过于急于求成，没有充分尊重员工利益，没有和员工充分沟通，未能使员工认识到改革对他们的好处，从而导致了管理层与员工的严重对立。

（5）随后公司对进行改革实验，秉承员工利益优先的原则，完善生产流程，确保工人劳动强度不增加，重新制定工资方案，完全用计时制替代计件制，保证同等时间工资高于计件制。

（6）成立华尔学院，要求所有班组长通过学习持证上岗，改变了班组长过去简单粗暴，员工犯错，随即公开批评员工的做法。总经理利用一个月的时间亲自辅导，督促班组长给员工学会开早会，尊重员工，与员工沟通。总经理本人也改变了过去作风强硬，脾气暴躁的领导风格。

三、改革成果

通过改革，宁波华尔的销售收入近几年来逐年增加。员工薪酬在同行业中虽不占优势，但员工的工作积极性高。

四、案例启示

从上述案例可以看出，人际技能的提升在很大程度上是一个愿意还是不愿意的问题，而不是能还是不能的问题。只要公司总经理带头，上行下效，公司其他管理人员的人际技能就会提升。与人为善是人的本性，案例公司中当企业总经理拿出诚意送员工外出参加读经夏令营后，平时表现较差的员工的善心便借助中国传统文化的力量得到激发，他们开始反省自己的相关行为，公司推行人本管理就有了基础，有了好的开端。另外，公司面临生产问题，经历了员工的罢工，总经理有了压力，也推动他反思自己的行为，提升了他自己的人际技能。从此案例可以看出，在企业管理人员人际技能的开发中，除了管理人员自我修养外，企业高层起着至关重要的作用。

第七章　企业管理人员自控技能开发

管理人员自控技能的高低表现在对工作的专注程度上，主要受人的需要的影响；人的需要即是人的本性。因此，管理人员要提高自控技能，就必须深刻反省自己的各种需要，对自己的需要进行管理，减少对感性快乐的偏爱，培养对理性快乐的偏好，以凝结心力，提高自己的专注力。中国传统文化思想在此方面有着大量的精华积淀，可用作借鉴。

第一节　需要管理

一、需要的共性及个性

马斯洛的需要层次论认为人的需要分为生理需要、安全需要、社交需要、尊重需要及自我实现需要等五个层次。生理需要包括衣、食、住、行等；安全需要包括职业安全、社会保障等；社交需要包括友谊、爱情、亲情、隶属关系等；尊重需要包括成就、名声、地位、权力和晋升等；自我实现需要包括实现个人理想和抱负，发挥个人潜能等（陈传明，徐向艺，赵丽芬，2019：226）。一般而言，人的上述五种需要之间存在层次递进关系，当低一层次的需要没有得到满足时，人不会产生高一层次的需要。特殊情况下，上述递进关系不一定成立。比如，有的人可能会舍去部分生理需要，甚至生命而保持自己的尊重需要，或者，将生理需要压至最低而追求自我实现的需要。

上述五种需要中，生理需要、安全需要、社交需要、尊重需要可归为基本需要，自我实现需要可归为高层次需要。以自我实现为主导需要的人为追求自我实现的人，成功了则为自我实现的人。马斯洛认为自我实现的人具有以下特点：①他们能按照生活的真实面目看生活，而不是按照他们所希望的那样看生活，他们观察生活较少用感情，而是采取一种客观的态度；②他们对事物的认识较少受到欲望、焦虑、恐惧、希望、盲目乐观或悲观的歪曲；③他们能致力于他们认为重要的工作，他们对工作感兴趣，所以干得津津有味，于是工作与玩乐之间的界限变得模糊了，对他们来说工作是令人兴奋、充满乐趣的；④他们很少有自我冲突，他们的个性是统一的，这使他们有更多的精力去创造；⑤他们对独处有健康的欲望，有心理上的自由，即使面临众人的反对意见，他们也能做出自己的决定（弗兰克·戈布尔著，吕明，陈红雯译，1987）。

人之所以能成为自我实现的人，应是他们能有效管理自己的各种需要。人若对某种基本需要过于偏爱，就会无力自拔，无力去追求高层次的自我实现需要，久而久之，人就有可能安于满足其偏爱的基本需要而从根本上失去追求自我实现需要的动力，无法成为自我实现的人，如此，其自我控制技能就会存在明显不足，不似自我实现的人，其自我控制技能天然具足。例如，人若对社交需要中的情与爱过于执着，或将其理想化，而现实情爱生活又不顺利，或不如意，如此，其一辈子就可能在情爱里面打转而不能自拔，由此引起各种心理不适，各种不健康情绪，以致身心疲惫，终身一事无成。

人在少年时期，一般都是有志向的。一项对 1 159 名小学生的调查表明，96.38%的小学生自述有志向；有志于将来当解放军，当科学家或工程师的人数居各项选择的前二位；选择将来当科技人员、解放军、艺术家、教师、医务工作者、企业家这六项合计占总数的 70.06%（俞瑞康，1994）。但到了大学阶段，一般普通高校大学生在学习上的努力程度似乎是很不乐观的。一项对商科大学生学习状况的调查表明：73%的学生没有学习主动性，努力学习的只占 5%，只有 15%的学生不赞成旷课行为；不少学生上课迟到和旷课、不认真听讲、玩手机或谈情说爱、沉湎于网吧玩游戏而懒于学习，对深度知识缺少钻研精神，丧失了自主求知的学习动力（朱桂平，2009）。由此可推论，在企业里一般管理人员的学习动力也是不足的，根本原因或许还是在于管理人员自己对某些基本需要的偏爱。为此，管理人员要提高自己的自控技能，必须认清、反思自己的需要，调整自己的需要结构。

二、需要结构的特点

人有哪些需要，各种需要各占多大比例，在人生的一定阶段是大致固定的，形成稳定的结构。人的需要结构具有以下特点：

1. 稳固性

人的需要结构一旦形成就具有相对稳定性，此所谓“江山易改，本性难移”。从投入产出关系看，需要结构的形成与转换都有着极高的成本。人对自身需要的选择是在相当长的时间内完成、定型的。要转换它，同样要经历艰苦的努力，有着曲折、复杂的过程，不可一蹴而就。例如，当一个人对友爱的需要比较执着时，面对交友的受挫，他可能会更加执着地去追求，即使撞了南墙也不回头。

2. 蒙蔽性

人的需要结构一旦形成，其个人偏好也就相对固定下来，人就会按其固定的需要结构去思考、行为。时间一长，多数人就会被自己的需要结构所蒙蔽，不能清晰地意识到在其选择之外的人生信仰、境界，于是成为自己需要结构的奴隶，受蒙蔽而不自知。比如，好酒之人，只知饮酒的快乐，不知戒酒后的快乐，不知自我实现的快乐。

3. 渐变性

需要结构并不是一成不变的，但一般而言，其变化是渐变而不是突变。因为人的需要结构涉及人生信仰、人生目标等大是大非问题，要在短时期内进行调整是根本不可能的。从对现有信仰、目标的动摇、反思，到新的信仰、目标的认识、接受与确立会有一个相当长的过程，此过程近似于脱胎换骨，重新做人。

三、需要结构的认知及调整

1. 需要结构的认知

人的需要从调整角度来看可有两种结构，一是理想中的结构，二是现实中的结构。此二者一般有着较大的差距。企业管理人员可以对自己在工作场所中的主要需要列出一个清单表，清单表的左边是自己期望的需要结构，清单表的右边是实际的需要结构（见表 7-1）。实际的主要需要的确认可以所花费的时间为准，花费时间最多的需要为第一需要，花费时间次多的需要为第二需要，依此类推。另外，对一些对人生具有重要意义的关键性决策进行分析，也可以发现自己的真实需要。

表 7-1 管理人员在工作场所的需要结构示例

需要结构	理想目标	实际情况
第一需要	通过对企业发展的贡献来追求自我实现	经济及社会地位的稳定及提高
第二需要	建立良好的工作氛围，组建一支高效率的团队	积极投入，建立支持自己的小圈子
第三需要	努力创新，提高企业管理的科学化水平	形式化及表面化的工作
第四需要	公平、公正地对待每一位员工	与个人职业发展中的对手竞争
第五需要	努力提高自身素质	较多时间的社会交际及娱乐

在辨别自己的主要需要时要区分主导性需要及限制性需要。主导性需要决定人生的目标，限制性需要则在未得到满足时凸现出来，把其他需要（包括长期的主导性需要）打压下去，要求优先得到满足。处于满足状态的限制性需要对其他需要没有干扰作用。例如，长时间的工作并不表示人喜欢工作，它可能是限制性需要。当人闲暇时，他最愿意花时间去满足的需要才是其向往的主导性需要。

2. 需要结构的管理

管理人员一旦明确自己实际的需要结构，一个真实的、清晰的自我就会出现。他很可能跟理想的自我有很大的差异，甚至有可能是冲突的。明确实际的需要结构后，应对自己主要的需要逐一进行剖析，明确哪些是应该保留的，哪些是应该加强的，哪些则是应该放弃的，对需要结构进行有效的管理。

需要结构的管理过程实际上是一个挑战自我的过程，是一个世界观的深刻转变过程，它需要管理人员拿出极大的勇气来面对自己。有的管理人员可能是由于过多的社会交往，过多的生活琐事，或者由竞争而引起的消极情绪等干扰了自己在工作上的进取，有的甚至会沉溺于自己的次要需要或负面情绪而忘了自己对事业的追求。这一类企业管理人员需要对自己的次要需要及消极情绪进行深刻反思，并努力地去克制。还有部分企业管理人员的动机是纯功利性的，一旦觉得晋升无望，对于工作就只投入少量精力，有的甚至心灵几乎完全不在工作上。这一类管理人员就需要深刻地转变世界观。

第二节 培养对理性快乐的偏好

一、理性快乐的实质

理性快乐是指人进入虚静状态后所体会到的一种精神快乐。理性快乐与感性快乐相对,前者是精神上的,是人在放弃一切思虑时所体会到的一种快乐;后者是人的身体受到刺激时所体会到的快乐。人对感性快乐是熟悉的,因为人的身体时常受到刺激,如好的食物、美的景色,被人关爱时所感觉到的温暖等。相对而言,人对理性快乐是陌生的,因为要体会它,人必须放下一切,人一般只会在较为短暂的时刻能做到,往往还来不及细细体会它就过去了。理性快乐虽是精神上的快乐,但它与一般意义上的精神快乐不同。一般意义上的精神快乐是在有所作为后所体会到的快乐,如胜利的快乐,理性快乐则是无条件的。

理性快乐无需物质上的刺激,它具有以下特点:①它的获取与他人无关,是自己完全可以控制的,理性快乐的获取可以远离人与人之间的争斗;②理性快乐没有后期的烦恼、痛苦。这一点与感性快乐不同,有些感性快乐在给人快乐的同时往往埋下了痛苦的种子,比如豪饮;③理性快乐是立等可取的,当人放下自己的感性需要时,理性的快乐马上就出现。④理性快乐有多重境界。人的需要程度有很大不同,理性快乐也相应有多重境界。

当人过于偏好生理、情爱等基本需要时,要想出离,转移到高层次需要上来,一般而言只有增进对理性快乐的偏好才能做到,只有偏好理性快乐,才能客观对待生理、情爱等基本需要,才能将主要需要放在自我实现上来。当人对理性快乐的偏好逐渐增强时,他就会相应地舍弃对感性快乐的追逐,就可在提高自控能力的路上不断前进。理性快乐与感性快乐的关系犹如道与魔的关系,二者此消彼长,此所谓"道高一尺,魔高一丈;魔高一尺,道高一丈"。人要压制对感性快乐的偏爱是困难的,有时是十分痛苦的,若能用理性快乐去替代它,自控技能就会得到大的提高。

二、保持愉悦的心境

人在清净状况下，会有感受到清安、无思的快乐。这种快乐即是理性快乐的源头，人只要喜欢，慢慢修养，就可获得。“饭疏食饮水，曲肱而枕之，乐亦在其中矣”（《论语·述而》），这里面的乐应就是由清净而来的安乐；陶渊明的“采菊东篱下，悠然见南山”之乐也属于此类。当然，获得清安、清静的快乐对普通人而言无疑是非常困难的，普通人难于长期安于此种心境。但普通人可退而求其次，将身心努力保持愉悦的情绪状态，犹如婴幼儿时代。婴幼儿之所以长住愉悦的心境，是因为其在物质及精神方面的要求较低，不似成年人有着高的物质及精神需要。这也即是说，成年人若能收敛自己的物质及精神需要，就可以保持愉悦的心境。既如此，何不将自己的物质及精神需要约束在正当、合理的范围之内，而保持一种愉悦的心境呢？

愉悦性（Agreeableness）人格维度是“大五”人格结构模型的一个维度（崔红，王登峰，2005），这表明愉悦可以成为成年人心境的一个稳定的组成部分，或者重要组成部分。人在此维度上表现得越突出，其自控能力就会越强。一项对日本诺贝尔奖获得者大五人格特征的研究验证了此观点。该研究表明日本诺贝尔奖获得者的愉悦性特征显著，神经质特征低，有高度的自控能力（明娟，沈丽丽，2020）。朱承（2013）认为孔子眼里的君子始终保持了“说”“乐”以及“不愠”的积极情绪，或者君子以一种“愉悦”的姿态来面对自己、面对朋友以及面对陌生人，甚至敌人，在愉悦中应对世界，成就自己并成全他人。“学而时习之，不亦说乎？有朋自远方来，不亦乐乎？人不知而不愠，不亦君子乎？”（《论语·学而》）这是君子应有的心境。

愉悦的心境的培养是一项系统工程。首先要辨明自己的常规心境以及引起常规心境的需要。从大的方面来看，追求自我实现的企业管理人员的心境一般都是健康的，因为他们主要是在挑战自己，因此能深刻地反省自己，克制自己。将自己的尊严建立在与他人比较基础上来满足尊重需要的管理人员往往容易产生负面情绪，优于他人就产生傲慢、轻视他人的情绪，弱于他人则产生耻辱、懊悔、敌对等情绪。将自己的存在、快乐建立他人认同基础上的管理人员也容易产生负面情绪，他们会经常处于不安的状态，因为要得到他人的广泛认同是困难的。其次，对自己过于偏爱的需要进行反思，进行转换，转换到自我实现上来。比如，将自己的尊严建立在与他人比较基础上的管理人员应该明白尊严实质上对自我存在的一种自我肯定及保护，人的尊严是无条件的，各人有各人的尊严，它无需比较，弱于他人并不意味着个人尊严的丧失，将自己的较低层次的需要降低，人就自然找回了自己的尊严。再次，下大决心，努力向愉悦的心境靠近。管理人员应经常提醒自己保持愉悦的心境，不断学习用理智去对待追求需要满足过程中的各种问题，从而使自己愉悦的心境逐渐趋于稳固。

第三节　中国传统文化思想借鉴

中国传统文化中有着十分丰富的个人心智成长方面的思想，可用着管理人员自控技能开发借鉴，下面仅选取有代表性的若干篇章加以解读。

一、《孟子·告子下》

孟子为亚圣，其在《孟子·告子下》中的部分表述对管理人员自控技能开发具有重要意义。《孟子·告子下》中的部分原文如下：

舜发于畎亩之中，傅说举于版筑之间，胶鬲举于鱼盐之中，管夷吾举于士，孙叔敖举于海，百里奚举于市。故天将降大任于是人也，必先苦其心志，劳其筋骨，饿其体肤，空乏其身，行拂乱其所为，所以动心忍性，曾益其所不能。

人恒过，然后能改，困于心，衡于虑，而后作；征于色，发于声，而后喻。入则无法家拂士，出则无敌国外患者，国恒亡，然后知生于忧患而死于安乐也。

上述思想的核心在于：人要成才必须在逆境中进行磨砺，目的是消除一般人的诸多需要，抛弃一般人的享受，以至于“空乏其身”，亦即使自己的身体变得空虚，什么都不享受，这样才能“动心忍性”，才能将注意力放在自己的事业上，才能担当大任。人在忧患中，在困难中，最能受到磨砺，此所谓“艰难困苦，玉汝于成”；人在安乐中，就会消磨意志，就会因贪图各种享受而一事无成。从孟子的上述思想可以看出，管理人员要提高自己的管理技能，提高自己的专注力，要从管理自己的需要，排除自己的不良需要这一根本上着力。

二、《荀子·劝学》

荀子为先秦时代百家争鸣的之集大成者，其《劝学》篇中有如下表述：

积土成山，风雨兴焉；积水成渊，蛟龙生焉；积善成德，而神明自得，圣心备焉。故不积跬步，无以至千里；不积小流，无以成江海。骐骥一跃，不能十步；驽马十驾，功在不舍。锲而舍之，朽木不折；锲而不舍，金石可镂。蚓无爪牙之利，筋骨之强，上食埃土，下饮黄泉，用心一也。蟹六跪而二螯，非蛇鳝之穴无可寄托者，用心躁也。

上述思想的核心在于学问是由点滴功夫成就的，即积土就能成山，积水就能成渊，积善就能成德。点滴功夫是常人都能做到的，这也即是说，常人只要持之以恒，就能有所成就。现实中，常人之所以不能坚持，原因之一是常人在努力的进程中没有得到正反馈，于是选择了放弃。倘若常人在求学的过程中能跟积土成山一样，看见山体在不断增高，常人应能坚持下去，故荀子借积土成山的形象比喻来劝学。就管理人员技能开发而言，管理人员在理念框架的构建中，如能看到框架逐渐成型，其学习的信心就会增加，其专注能力就会得到提升；在行动学习的过程中，现实问题如能得到逐步解决，其学习就会持续进行下去，其自控技能就会得到不断开发。

三、《卖油翁》

欧阳修为唐宋散文八大家之一，其《卖油翁》原文如下：

陈康肃公善射，当世无双，公亦以此自矜。尝射于家圃，有卖油翁释担而立，睨之久而不去。见其发矢十中八九，但微颔之。

康肃问曰："汝亦知射乎？吾射不亦精乎？"翁曰："无他，但手熟尔。"康肃忿然曰："尔安敢轻吾射！"翁曰："以我酌油知之。"乃取一葫芦置于地，以钱覆其口，徐以杓酌油沥之，自钱孔入，而钱不湿。因曰："我亦无他，惟手熟尔。"康肃笑而遣之。

上述思想的核心在于技艺的获取均在于训练，常人若专心训练，也能取得同样成就，且此成就，只不过是手熟而已，并不高深莫测。卖油是寻常生意，卖油翁经常练习，使技能熟练，便有了与善射同样的成就。管理技能的开发也是如此，只要管理人员勤加练习就能成就，也是“惟手熟尔”。由此观之，自控技能的开发就跟跑步一样，天天坚持，自控技能就自然提高了。

四、《管宁割席》

《管宁割席》出自南朝宋文学家刘义庆撰写的《世说新语》，该书被视为魏晋南北朝时期“笔记小说”的代表作。《管宁割席》原文如下：

管宁、华歆共园中锄菜。见地有片金，管挥锄与瓦石不异，华捉而掷去之。又尝同席读书，有乘轩冕过门者，宁读如故，歆废书出看。宁割席分坐，曰：“子非吾友也。”

上述故事表明人要对自己的需要进行管理，能严格管理自己的需要，才能实现自己的志向，此所谓“壁立千仞，无欲则刚”。人不能有效管理自己的需要，其心力就不能凝结，其专注力自然就不强。管理人员要提高自己的专注力，必须有效管理自己的各种需要。

五、恬淡虚无

“恬淡虚无”出自出《黄帝内经·素问·上古天真论》。“恬”，《说文解字》解释为“安也”（许慎，1991）；《中华大字典》解释为“安静、平静，安然、泰然，平淡、淡漠”（魏励，2015）。从字形上看，“恬”，左心右舌，意为心中无话，亦即心中无思，心无思，人自安然、泰然。“淡”为常用字，在“恬淡虚无”中应为“淡然”之意，亦即心里对外界之物淡然处之。

管理人员抛弃功利思想，以所有利益相关者的利益最大化为目标，立志于为企业所有的利益相关者谋福利，就在工作中舍去了小我，就接近于恬淡虚无的状态了，就会“人不知而不愠”（《论语·学而》），“不以物喜，不以己悲”（《岳阳楼记》），如此，心力就能凝结，变得强大，其自控技能就会达到极致水平。

第八章　企业管理人员核心技能开发机制

为促进企业管理人员核心技能开发，企业应健全治理机制，包括职工董事制度、管理人员绩效考核制度、管理人员竞争上岗制度，如此，管理人员核心技能开发才会有充足的外部动力。

第一节　现行企业治理机制的不足

一、公司治理的两个核心问题

企业由出资者建立，谁出资，谁所有，由此带来两个治理的核心问题，一是委托代理问题，二是大小股东问题（赵晶，2021）。委托代理问题是指经理层利用自己的控制权损害股东利益。大小股东问题是指大股东利用自身股权优势侵占小股东利益。这两个问题都会对企业管理带来消极影响，不利于企业管理人员技能的开发。

委托代理问题的产生主要有以下三方面的原因：一是委托人与代理人之间的利益不一致；二是委托人与代理人之间信息不对称；三是代理成本的存在，包括监督成本、经理人的保证支出、企业的剩余损失。现实中多数公司具有控制性股东，即大股东，大小股东问题由此产生。大股东通常采用以下三种形式来获取超过自身资本的控制权，一是层层持股，构建金字塔结构，控制末端公司；二是发行具有不同投票权的股票，获得对公司的控制；三是交叉持股。公司大股东获得控制权私利的表现形式主要有：通过关联交易转移利润，非法占有公司资金，融资分红等。

二、现行企业治理机制设计思路的弊端

企业利益相关者有企业股东、经营者、企业员工、供应商、债权人、顾客等，其中股东、经营者及企业员工为主要利益相关者。在现代企业制度下，股东是企业所有者，经营者受聘于资本，企业员工受雇于资本。企业股东有组成企业董事会的权力，董事会有选择经理的权力，经理有控制企业日常经营活动的权力。董事会依据资本市场、产品市场对企业业绩的评价来考核、选聘经理，经理制定企业内部各项标准（如各项定额、工资标准）及规章制度来对企业日常经营活动进行控制。

在完全竞争市场中，企业以利润最大化为目标，市场力量驱使企业致力于技术创新及管理创新，充分挖掘内部各种潜力，保持充分的竞争力。但完全竞争市场在现实中几乎不存在，各种垄断因素总是不同程度地大量存在着，致使企业经营业绩与经营者的努力程度并不完全相关，如此，外部资本市场、产品市场对企业经营者的约束与激励力就大为降低。当一个企业的经营业绩在一定程度内落后于同行业一般水平时，董事会很难据此判定是经营者经营不力所致，从而采取相应措施，当企业所处行业整体业绩水平较差时，董事会更难判定经营者是否经营得当，而经营者则总会找出一些特别理由使对企业内部缺乏充分信息的董事会相信他已尽了最大努力。事实上，董事会一般只有在企业经营已陷入危机时才能发挥作用，对于事先预警，防微杜渐往往很难起到积极作用。现实中，董事会很少对公司经营者的不佳绩效提出批评，在董事会内部，谦恭和礼貌代替了真诚和坦率，这种现象被人们戏称为“董事会文化”。在这种妥协、退避冲突的环境中，企业经理无形中获得了对董事会的控制权。这样，经营者的经营目标就必然偏离企业利润最大化目标，而以其控制权收益最大化为目标。企业高层经理在企业经营上不尽力，对企业内部信息的了解也就相对有限，如此，企业其他管理者在工作上自然也不会尽全力。故此，在现行企业治理机制下，企业内部潜力受到不同程度的压制，企业竞争力遭到不同程度的破坏。

为解决委托代理问题，现行的治理机制包括董事会制度、监事会制度、经理人工资制度，防范经理人道德风险的法律法规等。由于委托代理问题产生的根

本原因是信息不对称，倘若董事会、监事会不能深入到公司生产经营的第一线，不能使企业的生产经营状况从黑箱变为白箱，代理人的自私自利行为就不可能被完全发现，即使一国的法律法规十分完善，该问题也不可能从根本上解决。这也是现实中委托代理问题不断出现的根本原因所在。

为保护公司中小股东利益，解决大小股东问题，从外部法律环境来看，主要是健全投资者权益保护法律以及加大相关法律的执行力度；从内部治理来看，主要是实行股权制衡及增强董事会的独立性。由于公司客观上存在大小股东，而大股东出资多又理应有着更大的公司控制权，因此循着企业谁出资谁所有的逻辑，大小股东问题也不可能从根本上得到解决。

从人力资本分享企业所有权的观点来看，公司治理还存在第三个核心问题，即职工利益问题。事实上，倘若这第三个核心问题得到解决，前两个核心问题将迎刃而解。健全职工董事制度、企业管理人员考核制度、企业管理人员竞争上岗制度，可从根本上保障职工利益，进而解决委托代理问题及大小股东问题。因此，健全上述制度为公司治理的根本途径，如此，企业管理人员核心技能开发才会有充足的外部动力。

第二节　健全职工董事制度

一、现行规定的不足

职工董事制度虽在我国诸多法律、部门规章及相应规范中都有规定，但从目前实施效果来看，并不理想，职工董事被边缘化的倾向极为明显（胡改蓉，2010），这一制度迄今在理论上和实践中仍然面临着许多问题。

《公司法》第四十四条规定："两个以上的国有企业或者两个以上的其他国有投资主体投资设立的有限责任公司，其董事会成员中应当有公司职工代表；其他有限责任公司董事会成员中可以有公司职工代表。董事会中的职工代表由公司职工通过职工代表大会、职工大会或者其他形式民主选举产生。"第一百零八条规定："股份有限公司设董事会，其成员为五人至十九人。董事会成员中可以有公司职工代表。董事会中的职工代表由公司职工通过职工代表大会、职工大会或者其他形式民主选举产生。"从上述条文可知我国现行法律对职工董事制度的刚性约束不足,从而导致此制度的落实成为一种选择性行为,对职工董事在董事会中的比例、权益、责任和救济等都没有明确规定;对于没有按规定选举职工董事的企业,公司法也没有规定惩罚措施。

二、德国的经验

德国公司员工进入董事会有三种模式(仲继银,2013),第一种模式是雇员超过2 000人的资合公司实行的"对等"模式。根据1976年颁布的《共同决定法》,董事会成员中股东代表和员工代表各占一半,但主席由资方人员担任。这种模式下,如果董事会表决出现僵局,将进行第二轮投票,而第二轮投票时,主席拥有两票,这使资方还是拥有实际上更大一些的权利。第二种是在矿山和钢铁企业中实行的"对等加一"模式。根据1951年颁布的《煤炭和钢铁工业职工共同决定法》以及1956年《煤炭和钢铁工业职工共同决定法补充法》,董事会由同等人数股东代表和员工代表,外加一位中立人士组成。但如果双方不能就这位中立人士的人选达成一致,其最终的决定权还是在公司股东大会,因此一般情况下雇员方会妥协。第三种是在500人到2 000人之间的资合公司中实行的"三分之一"模式。根据2004年的《三分之一参与法》,雇员人数在500到2 000人的资合公司中,雇员方有权决定三分之一的董事会席位。

三、职工董事制度的改进

为保证职工董事制度落到实处,应规定董事会成员中职工董事占到一定比例,具体比例视企业规模、性质而定,主席由资方代表担任。只有职工董事占到一定比例,才能避免职工董事势单力薄,不能代表职工利益的情况出现。另外,职工董事不得担任公司中高层领导职务,以避免一些职工董事受制于上下级领导关系,站在领导的立场或出于私利说话,不能真正成为职工权益的代表。为保证职工董事有时间参与公司决策,职工董事的本职工作量可按一定比例减免,个别职工董事本职工作量可全免。职工董事若能认真学习,是可以参与公司重大决策的，这从美国陪审团制度的设立可得到验证。陪审团成员不懂法律，不懂案件所涉及的技术知识，但他们可以判断辩控双方律师所说是否真实可信。职工董事或许没有制定企业重大经营决策的能力，但是他们有判断企业重大经营决策正确与否的能力。此外，为保证职工董事能代表职工立场，对职工董事的选举、罢免、保护也应有相应的制度规定，比如多少比例的员工不满意就可以改选，职工董事的工作安排及辞退必须经过职工代表大会同意等。

第三节 健全企业管理人员考核制度

如何考核管理人员对管理人员核心技能的开发具有重要意义。当企业的考核制度不能区分管理人员绩效的优劣时，管理人员就会失去开发管理技能的外在动力。健全管理人员绩效考核制度的关键在于合理设计绩效考核指标，如此，考核才能有的放矢，明辨优劣。下面以人力资源管理部门经理绩效考核指标体系的设计为例，对管理人员绩效考核指标设计进行论述。

一、设计思路

人力资源管理部门经理的绩效考核指标体系可用 BSC 与 KPI 相结合的思路来设计。首先，按照 BSC 逻辑界定 HRM（人力资源管理）部门的绩效层面及其驱动关系；其次，在各绩效层面按照 KPI 思路确定关键绩效要素；再次，根据关键绩效要素设计绩效考核指标；最后，确定人力资源管理部门经理在上述指标完成过程中的贡献，依据其贡献大小评定其个人绩效得分。

二、HRM 部门的绩效层面

1. 财务层面

BSC 用于企业整体，财务层面面向企业股东；BSC 用于 HRM 部门，财务层面面向 HRM 部门自身股东，即企业高层。企业高层与 HRM 部门之间的关系类似于委托代理关系，前者可视为后者的股东。与企业股东要求财务绩效类似，HRM 部门股东要求的也是企业人力资源投入产出绩效。但是，由于企业人力资源投入产出效率受企业所有成员行为的影响,因此,企业高层对HRM部门的要求应限于HRM部门职能对企业人力资源开发及使用效率的贡献。这样,用人均利润或全员劳动生产率等指标来考核HRM部门就是不恰当的。企业HRM部门的职责是制定及执行企业人力资源管理制度、计划及方案,因此,HRM部门财务层面绩效应为人力资源管理制度、计划及方案所产生的人力资源投入产出绩效。

2. 客户层面

HRM部门的客户为企业内部客户,即企业其他部门经理及员工,他们是企业人力资源管理制度、计划及方案的使用者,即用户。企业人力资源管理制度、计划及方案编制其他部门经理及员工有参与权,编制过程也需要他们的积极参与,HRM部门需对该过程进行组织以及提供相应服务,因此,企业其他部门经理及员工同时也是人力资源管理制度、计划及方案编制过程中HRM部门所提供组织及服务活动的用户。另外,企业人力资源管理制度、计划及方案由企业高层最终审定,HRM部门只提供制度、计划及方案草案,从这个意义上讲,企业高层也是HRM部门的客户。

3. 内部流程层面

为做好企业人力资源管理制度、计划及方案的编制、执行工作,HRM部门内部应做好相应的基础性工作,对每一项工作都形成相应的工作规范或样本,对相关活动的组织制定科学合理的工作流程,并制定有效的内部考核、奖惩等制度。如此,HRM部门用户对人力资源管理制度、计划及方案的满意度才会高,对制度、计划及方案编制及执行过程的组织及服务工作质量的满意度才会高。

4. 学习与成长层面

为规范、健全HRM部门流程,提高人力资源管理工作质量,企业HRM部门员工应加强学习,积累专业知识及业务知识,树立起先进的人力资源管理理念,熟悉人力资源管理最佳实践,不断提高人力资源管理技能,这样才能不断提高用户满意度,最终提高企业人力资源开发及使用效率。

5. HRM部门绩效层面的驱动关系

企业HRM部门绩效的四个层面存在从学习与成长,到健全内部流程,再到客户满意,最终到财务层面的驱动关系。HRM 部门员工知识技能水平越高,HRM 部门内部流程就会越有效,企业人力资源管理制度、计划及方案就会越科学合理;企业人力资源管理制度、计划及方案越科学合理,就会越受用户欢迎,企业高层所期望的人力资源开发及使用效率就会越高。但上述驱动关系不似 BSC 用于企业整体时那么简洁,主要原因是企业 HRM 部门、企业其他部门以及企业高层同为企业的组成部分,是一个整体,不似企业客户、企业股东基本上可独立于企业具体运行之外。对于 HRM 部门而言,企业高层既是股东又是伙伴,其他部门经理及员工既是用户也是伙伴。另外,HRM 部门也受自身制定的人力资源管理制度、计划及方案的约束。

三、HRM 部门各绩效层面的关键绩效要素

1. 财务层面的关键绩效要素

财务层面的关键绩效要素为人力资源管理制度、计划及方案的执行效果。由于企业人力资源管理制度、计划及方案的执行效果受 HRM 部门、其他部门及企业高层的共同影响, HRM 部门应仅对其主张的制度、计划及方案内容的执行效果负主要责任,比如,因 HRM 部门主张,企业高层失察而出现的理念、方法、程序等质量缺陷以及由此带来的负面效果,HRM 部门应承担主要责任。人力资源管理制度、计划及方案中反映企业高层意志部分的执行效果自然应由企业高层负责,人力资源管理部门因知识水平所限未能提出正确建议的,应承担少量责任。

2. 客户层面关键绩效要素

客户层面关键绩效要素为:①人力资源管理制度、计划及方案草案;②人力资源管理制度、计划及方案执行过程中的组织及服务。第一项为企业高层所需;第二主要为其他部门经理及员工所需。人力资源管理制度草案包括职位分析制度、招聘制度、培训制度、绩效管理制度、薪酬管理制度、劳动关系管理制度等草案。人力资源管理计划草案包括中长期人力资源规划及年度人力资源工作计划草案。人力资源管理方案包括招聘方案、培训方案草案等。上述草案经企业高层审定通过形成企业人力资源管理制度、计划及方案。人力资源管理制度、计划

及方案执行过程中的组织是指绩效考核、招聘、培训等活动的组织;服务是指对直线经理履行人力资源管理职能的指导,向空缺岗位提供初筛合格人员、薪酬审查、员工咨询、员工申述处理、劳动争议处理等方面的服务。

3. 内部流程层面关键绩效要素

内部流程层面关键绩效要素为:①基础性工作成果,包括技能清单,内部员工流动统计分析报告,劳动力市场跟踪分析报告,劳动定额研究报告,市场薪酬调查报告,职位评价研究报告,技能测试方法研究报告等;②工作规范,指上述基础型工作的标准、范本等;③工作流程,包括制度及计划编制流程,招聘、培训等活动的组织流程等;④内部管理制度,包括部门内部分工、绩效考核、奖惩等制度;⑤部门工作经费控制成效。

4. 学习与成长层面关键绩效要素

学习与成长层面关键绩效要素为:部门学习计划完成程度。HRM 部门应制定内部学习计划,常年开展理论学习及工作研究,以熟悉人力资源管理专业知识、业务知识、人力资源管理最佳实践、国家相关政策规定,以及企业主要产品、设备、生产工艺,企业内外部环境等方面的知识,这样才能不断提高人力资源管理技能,成为人力资源管理的专家。

四、HRM 部门绩效考核指标体系

1. 财务层面考核指标及评价标准

人力资源管理制度、计划及方案执行效果的评价标准:人力资源管理制度、计划及方案实施后劳动生产率提高,或员工满意度提高,经分析评定人力资源管理制度、计划及方案发生积极作用,视 HRM 部门在制度、计划及方案编制中贡献大小,以及制度、计划及方案执行效果的高低评分,若起主导作用且执行效果显著,得分不低于该项得分的 90%;反之,若制度、计划及方案实施效果较差,且在制度及计划编制中 HRM 部门起主导作用,得分不得高于该项得分的 50%。

2. 客户层面考核指标及评价标准

(1)人力资源管理制度、计划及方案草案编制质量。评价标准:高层会议讨论通过,或因高层意见不统一未通过,得满分;草案质量存在重大缺陷未通过讨论，根据缺陷严重程度扣分。

（2）人力资源管理制度、计划及方案草案提交时间。评价标准：按时提交，满分。延迟提交，按延迟程度扣分，如延迟一周扣1分。

（3）人力资源管理制度、计划及方案执行过程的组织效率。评价标准：绩效考核、培训、招聘等活动组织出现失误，根据失误严重程度相应扣分。

（4）人力资源管理制度、计划及方案执行过程的服务质量。评价标准：指导工作根据直线经理的满意度评分；薪酬审查根据出错次数及严重程度扣分；员工咨询根据员工满意度评分；员工申诉及劳动争议处理若违背相关规定，根据后果严重程度扣分。

3. 内部流程层面考核指标及评价标准

（1）基础性工作成果质量。评价标准：根据成果符合工作标准或工作样本的程度评分。

（2）基础性工作成果完成时间。评价标准：根据符合计划进度的程度评分。

（3）工作规范及工作流程质量。评价标准：根据规范的健全程度及流程的有效性进行评分。

（4）内部管理制度的有效性。评价标准：根据内部管理制度的健全程度及有效程度评分。

（5）部门经费控制成效。评价标准：根据部门经费使用的规范、合理程度评分。

4. 学习与成长层面考核指标及评价标准

人力资源管理专业知识及企业业务知识水平的评价标准：根据部门学习计划完成程度，以及部门员工工作中是否出现知识性错误，或因知识不足而影响工作的程度相应给分。

5. 指标权重、考核周期及考核者

HRM 部门工作有常规性内容，也有非常规性内容。比如制度编制，某个年份可能有，也可能没有，也可能是跨年度的。另外，企业每年人力资源管理工作重点可能不同，即在不同年度，同一指标对完成 HRM 部门绩效目标的贡献程度可能不同。因此，HRM 部门考核指标的选取及权重确定应一年一定。考核周期可一年一次，或半年部门自行检查总结，年终一次考核。考核者应根据考核指标而定，财务层面的指标应由企业高层来评价，客户层面的指标应由内部客户来评价，内部流程层面指标，以及学习与成长层面指标应由企业高层评价，其中分管领导应有较大权重。

五、人力资源经理绩效评分

人力资源管理部门经理对人力资源管理部门绩效负责，因此，原则上人力资源管理部门经理绩效得分不应高于人力资源管理部门绩效得分。人力资源管理部门经理在人力资源管理部门各项指标的完成中都起到应有的带头、指导、监督作用，其个人绩效得分应与部门绩效得分一致，否则，应相应扣分。脱离部门绩效来评价人力资源管理部门经理个人绩效是不可取的，将部门绩效与人力资源经理个人绩效等同起来同样也是不可取的。分管人力资源管理部门工作的企业领导经常参加人力资源管理部门工作会议，与人力资源管理部门一道研究工作，可对人力资源管理部门经理在部门工作中所起的作用形成正确评价。

第四节　健全企业管理人员竞争上岗制度

一、班组自治制度

在一个班组内，工人们的工作性质相近，由他们自由选举班长，集体参与管理，当是最佳的管理方式。当每一个班组成员都有着平等权力时，任何一个班组成员的偷懒、霸强都不会发生，任何一个班组成员要想获得多的收益只有通过更多的努力，对工作进行改进才有可能，如此，班组内部的竞争局面就会出现，班组的劳动生产率就会提高。在现实中，班组自治的主要障碍一是劳动者之间倾向于联合，限制竞争以保护共同的利益；二是管理人员偷懒，不愿研究制定相应的竞争规则，从而使竞争无法展开；三是劳动者与管理者之间缺乏相互信任，彼此之间难于合作。以上三方面的问题在稳定就业以及实行工人自治的情况下都会消除，管理规则由工人自己制定，工作分派也由他们自己协商而定，和谋偷懒的情况在分享由劳动生产率提高带来的收益时也将消失。班组内的生产潜力是巨大的,工人们在思考如何高技巧地偷懒上花费了大量时间,倘若这部分时间花在如何改进工作上,班组的生产率水平将有很大的提高。班组自治将促使普通员工将精力放在工作上,出众者,为众人信服者才能通过竞选成为班组长;班组长上任之后,如果不带领大家改进工作,以权谋私,就会在下次推选中落选,或者在任期内被班组员工罢免。如此,基层管理人员的技术技能、人际技能、概念技能、自控技能将会得到极大的开发。班组自治在我国海尔集团有着长期实践,取得了很好的效果。海尔集团 CEO 张瑞敏是从基层工人干起的,他能体会到工人对"公平"的渴望。海尔 1984 年成立时全厂只有 800 多名员工,但海尔就开始了让员工自主管理的探索(李继培,2010)。

二、中层管理人员竞争上岗制度

1. 竞聘期限

中层管理人员竞聘的期限,一般以三年为宜。过长,比如五年,会降低激励效果;过短,比如一年,竞聘上岗者难有较长时期的规划。现实中也有不定聘期,随时考核,能者上,庸者下的用人制度,但这样会导致管理人员只顾眼前,难以合理规划工作,同时,也不利于竞争局面的全面形成。

2. 上岗条件

为做好竞争上岗,需科学设定各中层管理岗位的任职资格。比如,对车间主任的上岗条件应强调以下几个方面:①在本车间多少岗位上工作过;②任班组长的年限及业绩;③参加或主持过的 QC(质量控制)小组数,取得多少经济效益;④提出了多少条合理化建议,被采纳多少条,取得多少效益。对各职能部门经理的任职资格应加入管理创新活动方面的内容,明确提出管理创新活动的项数及效果。如此,企业中层管理人员的竞争上岗才能做到公平、公正、公开,企业管理队伍才会全面激活。现实中,不少企业实行了中层干部竞聘上岗制度,但由于任职资格过于含糊,几乎所有中层管理岗位的任职资格都是一样的,比如,任副职三年以上,大专以上文凭等,效果自然不理想。

3. 流行误区

现实中有中层干部竞聘普遍采取笔试和面试的做法，即根据实际工作岗位需要的工作技能和专业素质编制笔试试卷和面试题目，进行统一的考核评价。这样做虽无可厚非，但其权重不宜过大。中层管理人员竞争上岗主要还是要看工作业绩及日常表现。有些竞争者可能善于应付考试、面试，但实际工作业绩不佳；也有的竞争者可能实际工作业绩好，但不善于应对考试、面试。对于外来的竞争者，应着重考察其在以往工作岗位上的业绩，也不可以考试及面试成绩为主；或者，一般情况下，外来的管理人员应从基层做起或有一定的试用期。

现实中也有构建中层管理人员胜任力素质模型，通过胜任力评价来实行中层管理岗位竞聘的做法，但这种做法同样是不可取的。例如，某单位中层岗位竞聘拟采取如表 8-1 所示的胜任力素质模型，仔细分析，该模型有着诸多不合理之处。一是所列诸胜任力要素都可归入概念技能、人际技能及技术技能三大类；二是管理人员的胜任力水平最终还是需要用业绩来评价才科学合理。既如此，何不直接用业绩来评价？

管理人员竞争上岗必须以工作绩效为主，但若将管理人员所负责部门的工作绩效视同其个人工作绩效则是将问题简单化了。在对管理人员的工作绩效的评价上需要将管理人员个人的工作绩效与部门的工作绩效区分开来。部门工作绩效是部门所有员工共同努力的结果，部门负责人的贡献主要是其所作决策的作用，比如对部门内部规章制度的完善，相关管理流程的改进，内部分工关系的合理调整等。因此，必须分析管理人员个人工作与部门整体绩效的关系，如果其个人工作极大地促进了部门绩效的提升，则其个人绩效就是好的。否则，部门绩效再好，管理人员本人没有作为，不能说其个人绩效好。

表 8-1 中层管理人员胜任力素质模型

基本因子	胜任素质特征	行为描述
领导素养	指导帮助	对基层员工非常了解，能够准确点明下属的优缺点，同时为下属提供和创造好的学习和成长机会。
	谋划决策	善于在短时间分析形势，做出精准判断，选择最优方案，果断做出正确的决定。
	……	……

续表

基本因子	胜任素质特征	行为描述
职业素养	责任担当	熟悉工作职责,并能够做到恪尽职守,具有担当意识,勇于承担责任。
	主动作为	对待工作,能够始终保持积极的态度,主动迎接困难,努力把握机遇。
	……	……
专业素养	分析能力	对工作中的问题善于层层分析,判断出原因,提出解决问题的措施。
	勇于创新	敢于接受新思路、新事物、新观念,并积极应用于工作。
	……	……

4. 民主评议

企业中层干部竞聘上岗还必须同时坚持民主评议制度,群众支持率不到70%的管理人员不得上岗。倘若不坚持这一点,企业中的利益关系很可能会使中层干部竞聘上岗制度形式化,竞聘上岗制度于是成为官僚制度在新环境下的变体。坚持民主评议制度,企业管理人员的工作作风才能根本好转,企业的人本管理才会有制度上的保障。

三、高层管理人员竞争上岗制度

企业高层管理人员主要是由中层管理人员来参与竞争。与企业中层管理人员的竞争上岗一样,企业高层管理人员竞争主要是看工作绩效。这实际上是如何比较企业中层管理人员,亦即各部门正职的工作绩效的问题。

直接比较企业各部门正职的工作绩效是困难的。比如,企业销售收入比上年增长10%与企业产量比上年增长10%,哪个更难,哪个需要更多的工作投入是很难直接比较的,亦即企业销售部长与企业生产部长的工作绩效是难以直接比较的。但是,他们在工作中花费的时间精力,亦即在工作中凝结的一般抽象劳动从理论上是可以进行比较的。这需要企业高层管理人员投入到各部门的工作当中去,与各部门负责人长期一道研究工作,解决工作中的难题,如此,企业高层管理人员对各部门的工作难度,工作绩效就会有一个正确的认识,就能比较何人的工作绩效更优,何人长期以来一直在努力工作,在不断取得更好的成绩。这样,企业高层管理人员的竞争上岗就不再是难题。

现代公司企业高层管理人员的选聘主要是由董事会来决策的，这需要董事会的各位董事必须熟悉企业的生产经营情况，如果董事会不熟悉企业的内部管理状况，不熟悉企业各部门管理人员的工作状况，企业内部情况对他们而言是黑箱，或灰箱，而不是白箱，他们就失去了对企业高层管理人员的选拔能力。因此，企业董事必须是管理专家，董事们要深入企业的日常经营中去，做大量的调查研究，掌握第一手材料，变企业运作的黑箱、灰箱为白箱。董事会也可聘请专业的管理咨询公司对企业管理进行评估。管理咨询公司可起到类似私人医生的作用，可以对企业管理的现状进行全面诊断，找出企业管理中的主要问题，使企业董事熟悉企业的管理现状。现实中在工作中高度投入，不断改进工作，追求卓越的管理人员是稀缺的，因此，企业董事会在选拔高层管理人员时面临的难题可能不是如何甄别，而是如何去发现。从这里也可以看出，企业董事会中职工董事占一定比例的重要性，职工董事身在企业之中，他们是有能力评价企业各部门正职的工作业绩与管理技能的。

第九章　总结与展望

第一节　研究总结

本书结合管理学、心理学的最新发展对企业管理人员核心技能开发进行了研究。主要研究内容有:企业管理的本质,企业管理知识的特性,企业管理人员核心技能构成、性质及分级,企业管理人员概念技能开发,企业管理人员人际技能开发,企业管理人员自控技能开发,企业管理人员技能开发机制。本书的主要创新之处可以归纳为:

一、提出了企业管理人员核心技能构成、性质及分级

本书首先对中外管理思想的实质进行分析,对中外企业管理的成功经验及失败教训进行总结,在此基础上提出企业管理的本质在于“以正行政”,其次对企业管理知识的特性进行比较分析,提出企业管理知识的指南性,再次根据企业管理的本质以及企业管理知识的特性,提出企业管理人员的核心技能构成,认为已有管理人员素质理论提出的诸多素质种类都可归入概念技能、人际技能、技术技能及自控技能这四个类别,或者这四者的综合表现。

本书认为企业管理人员的概念技能具有容量特性及精度特性,概念技能越强,其能运行的概念体系的容量越大,精度越高;人际技能的高低表现在仁爱之心的深厚程度之上,自控技能的高低表现在心力的凝结程度之上;技术技能的特性与概念技能的特性相同。企业管理人员的概念技能可分为从事简单流程事务,从事复杂流程事务,设计初级复杂流程,设计中级复杂流程,设计高级复杂流程等五个层级;人际技能可分为与人和平相处,主动考虑他人需要,长期主动关注他人需要等三个层级;技术技能可分为熟悉管理知识,熟悉生产技术知识,深

入了解生产技术知识等三个层级；自控技能可分为安于完成工作，短期专注工作，长期专注工作等三个层级。

二、提出了企业管理人员核心技能的开发方法

本书认为企业管理人员概念技能的开发分为以下两个阶段：一是构建思考企业管理问题的理念框架；二是形成所在企业运行的整体观。第一阶段的开发方法主要是理论教学加案例分析，构建思考企业管理问题的理念框架；第二阶段的开发方法主要为行动学习，旨在将前期构建的理念框架具体化、丰富化，形成所在企业运行的整体观。企业管理人员人际技能的开发主要从以下几个方面着手：一是培养仁爱之心；二是克服独断专行、自我膨胀、好大喜功等不良心态；三是组织文化熏陶。自控技能的开发主要是反思自己的需要，调整需要结构，养成愉悦的心境等。

三、提出了企业管理人员核心技能开发机制的构建思路

本书提出从健全企业职工董事制度，企业管理人员考核制度，企业管理人员竞争上岗制度等方面来构建企业管理人员核心技能开发机制。职工董事应占企业董事会席位的一定比例，企业解除与职工董事的劳动关系须经职工代表大会同意，职工对职工董事不满意可进行改选。

企业管理人员考核制度的健全关键在于合理设计绩效考核指标。对部门负责人的考核必须将部门绩效与部门负责人个人绩效区分开来，部门绩效不等于部门负责人个人绩效。部门负责人对部门管理制度的改进，对部门员工工作的指导，对部门分工关系的合理调整等是部门负责人对部门绩效的贡献。

健全企业管理人员竞争上岗制度主要是：实行班组自治，班组长由班组成员自由推选；中层管理人员竞争上岗应以业绩为主，以笔试、面试、胜任力素质考评等方法为主是不可取的；企业高层管理人员竞争上岗关键在于企业董事会必须深入到企业生产经营管理中去，努力去发现核心技能优秀的管理人才。

第二节　研究展望

通过本项目的研究，本书作者体会到对企业管理人员核心技能开发的认识，还需要从以下方面进一步深化：

（1）本书提出的企业管理人员核心技能构成、性质、分级及开发方法，多是从理论上进行思考，还缺少实证研究，也还有待深化，比如，企业管理理念框架的构建需要多长时间，构建过程中会面临哪些问题，企业管理人员形成所在企业运行的整体观需要多长时间，形成过程中会遇到哪些问题等都还需要进一步研究。

（2）企业管理人员概念技能、人际技能、自控技能的开发离不开心理科学的指导，本书对心理科学在此方面的研究文献引用不足。另外，人的自控技能不足，可能有生理上的原因，本书未结合生理科学的相关成果进行讨论，存在不足。引入心理科学、生理科学的相关研究，将有助于对企业管理人员核心技能开发的深入认识。

（3）中国传统文化中有大量的关于立志、修智、成仁方面的学说，它们是经过先贤的亲身修炼而得到证实的。对于这些学说应利用现代科学的研究方法去进一步证实，使之系统化，使它们为世人所广泛接受，为企业管理人员开发活动所用。21世纪将是东方文化的世纪，东方文化将为世人所瞩目，深入研究、运用我国传统文化中的相关学说对企业管理人员核心技能开发将具有重要意义。

后　记

二十多年前，我在讲授《人力资源管理》“职位分析”这一章后，询问同学对课堂的感受，有同学告诉我课堂上讲的知识不具有操作性，当时觉得十分不解。后来认识到同学所指的不具有操作性，可能就是指管理知识不像医学知识一样可以精确到开药方的程度。现在，对这个问题我有了自己的答案，即管理知识不能而且不需要像医学知识一样精确，管理人员在具有了相应的管理技能后，就可以在管理知识的指引下，研究具体情况后制定出行动方案，“开出药方”。从这个角度讲，管理技能的开发应比管理知识的传授更为重要，管理教学应更多地重视管理技能训练。

本书思想的形成前后经历了二十多年的时间，主要观点都是多年思考的结果，但受作者认识水平局限，加上最终完稿时间较为仓促，书中难免存在纰漏与不足，恳请各位读者批评指正！

本书由三峡大学经济与管理学院资助出版。本书在写作及出版过程中，三峡大学经济与管理学院党委书记田野，院长赵旭，副院长袁亮，同事刘宗华、冯耕耘、胡红青、李明，天津大学出版社佘婷编辑给予了帮助，在此表示衷心的感谢！

参考文献

[1] 白奚. 荀子援法入礼的政治理论与稷下学术[J]. 道德与文明，2023(2)：84-91.

[2] 德斯勒著. 人力资源管理(第九版)[M]. 刘昕，译. 北京：中国人民大学出版社，2003：85-109.

[3] 陈传明，徐向艺，赵丽芬，等. 管理学[M]. 北京：高等教育出版社，2019：22，28.

[4] 陈见标，柳颖，钟结枝. 应用型本科《运营管理》课程教学研究——基于"讲授法+问题探究法"[J]. 探讨与研究，2021(6)：184-185.

[5] 陈效林，程永波. 工商管理硕士研究生"三位一体"案例教学体系研究———以南京财经大学 MBA 教学为例[J]. 研究生教育研究，2021(6)：77-84.

[6] 崔红，王登峰. 西方"愉悦性"人格维度与中国人人格的关系[J]. 西南师范大学学报(人文社会科学版)，2005(3)：31-36.

[7] 丁忠兵. 略论《韩非子》的管理思想[J]. 青海社会科学，2010(5)：153-157.

[8] 杜伟宇，沈丹. 行动学习在 MBA 教学应用中的问题与对策[J]. 黑龙江高教研究，2014(10)：168-168.

[9] 法约尔著. 工业管理与一般管理[M]. 曹永先，译. 北京：团结出版社，1999：32，10-11.

[10] 弗兰克·戈布尔著. 第三思潮：马斯洛心理学[M]. 吕明，陈红雯，译. 上海：上海译文出版社，1987：26-22.

[11] 顾海兵. 对"企业管理案例教学"的冷思考[J]. 经济学动态，2002(2)：19-20.

[12] 顾基发，高飞. 从管理科学角度谈物理-事理-人理系统方法论[J]. 系统工程理论与实践，1998(8)：1-5.

[13] 辜俊君. 荀子社会治理思想的伦理之维[J]. 伦理学研究，2022(4)：68-73.
[14] 顾娅娣. 中国古代心理学思想中的注意问题[J]. 心理科学，2001(2)：175-177,187.
[15] 郭海燕. 也谈孔子的人性观[J]. 孔子研究,2010(3):18-24.
[16] 胡改蓉. 国有公司职工董事制度之不足及其补正[J]. 社会科学，2010(11)：95-103.
[17] 贾旭东,解志文. 基于扎根范式的企业家核心能力研究[J]. 管理学报，2023(1):1-13.
[18] 姜晓丹. 中国成功企业经验的理论分析[D]. 长春:吉林大学，2003
[19] 孔茨,韦里克著. 管理学(第十版)[M]. 张晓君,陶新权,等译. 北京:经济科学出版社,1998:34.
[20] 赖志煌. 基于海氏薪酬法的ZZD公司薪酬方案设计研究[D]. 桂林:广西师范大学,2021:16-17.
[21] 李继培. 还原"人单合一"[J]. 新理财,2010(11):48-53.
[22] 李兰,王锐,彭泗清. 企业家成长30年:企业家精神引领企业迈向高质量发展——中国企业家队伍成长与发展30年调查综合报告[J]. 管理世界，2023(3):113-126.
[23] 李悦,孙彤. 企业家素质研究[J]. 当代财经,2000(1)：59-64.
[24] 廖建桥. 对事务性脑力劳动的一种定量测量方法[J]. 工业工程，1998(2)：48-52.
[25] 刘爱伦,水仁德. 思维心理学[M]. 上海:上海教育出版社,2002:35.
[26] 刘长坡. 绩效管理及其实证研究[D]. 北京：对外经济贸易大学,2004:35-46.
[27] 刘渡舟. 刘渡舟伤寒论讲稿[M]. 北京:人民卫生出版社,2015:36,96.
[28] 刘家贵. 孟子管理思想的特点及其现代精神[J]. 云南民族学院学报(哲学社会科学版)，2001(5):41-47.
[29] 芈凌云,王文顺,俞学燕,等. 基于MBA学员视角的案例教学效果影响因素实证研究[J]. 黑龙江高教研究，2018(11):139-144.
[30] 明媚,沈丽丽. 杰出科学家"大五"人格特质研究——基于对日本诺奖获得

者的 CV 分析[J]. 中国高校科技,2020(10):50-53.

[31] 欧绍华,罗拥华. 工商管理专业知识为何“学不能用”——基于与毕业生的交谈[J]. 中国市场,2014(14):121-122,137.

[32] 彭聃龄,张必隐. 认知心理学[M]. 杭州:浙江教育出版社,2004:283.

[33] 皮德斯,沃特曼著. 追求卓越[M]. 胡玮珊,译. 北京:中信出版社, 2007: VIII-IX.

[34] 秦启文,黄希庭. 社会技能构成因素及其意义[J]. 心理学探新, 2001(1): 54-57.

[35] 秦启文. 试论社会技能的价值与结构[J]. 西南师范大学学报(人文社会科学版),2002(3):44-47.

[36] 曲庆,富萍萍,孟菲,胡倩倩. 华尔(宁波):一家美资中国公司的人力管理转型. 全球案例发现系统——中国工商管理案例库.2021

[37] 荣小语. 孔子“仁爱”与墨子“兼爱”的相异相通[J]. 开封文化艺术职业学院学报, 2022(5): 1-3.

[38] 石金涛,冯羡诗,王莉. 管理技能和企业绩效的实证研究[J]. 科技进步与对策,2003(4):127-129.

[39] 宋华明. 管理案例教学中的案例组合法[J]. 高等工程教育研究, 2005(3): 97-99.

[40] 泰勒著. 科学管理原理[M]. 韩放,译. 北京:团结出版社, 1999: 8-9; 11; 21-23;5-6;15-17.

[41] 王重鸣,陈民科. 管理胜任力特征分析:结构方程模型检验[J]. 心理科学, 2002(5): 213-516.

[42] 王亚星,李心合. 重构“业财融合”的概念框架[J]. 会计研究, 2020(7): 15-22.

[43] 魏励. 中华大字典[M]. 北京:商务印书馆,2015: 941

[44] 威坦,卡梅伦著. 管理技能开发(第十版)[M]. 张晓云,译. 北京:清华大学出版社,2020:9.

[45] 吴宝新. 北京华顺食品工业有限公司失败原因分析[D]. 北京:对外经济贸

易大学,2000.
[46] 吴丽娜. 中国近代民族资本企业经营管理成功经验研究[D]. 兰州:兰州大学,2008
[47] 吴晓波. 大败局(Ⅰ)[M]. 杭州:浙江大学出版社,2019a:7-9.
[48] 吴晓波. 大败局(Ⅱ)[M]. 杭州:浙江大学出版社,2019b:7-9.
[49] 肖群忠."仁爱"与为人民服务——道德建设的内在起点与目标[J]. 江海学刊,1998(3): 112-118.
[50] 谢志华,杨超, 许诺. 再论业财融合的本质及其实现形式[J]. 会计研究,2020(7): 3-14.
[51] 许慎. 说文解字[M]. 天津:天津古籍出版社,1991: 218.
[52] 杨尊求, 黄贵华. 基于"从化"理论探讨桂枝汤证之病因病机[J]. 中国实验方剂学杂志, 2022,(9):183-191.
[53] 虞花荣, 付英娜. 人类命运共同体对儒家"仁爱"思想的继承和超越[J]. 湖南科技大学学报(社会科学版), 2019(4):106-111.
[54] 余凯成, 钱冬生, 张湛. 美国人的企业管理经验谈——美国企业界 1982 年畅销书《成功之路》评介[J]. 世界经济,1984(4): 74-76.
[55] 俞瑞康. 小学生志向的调查研究[J]. 心理科学, 1994(5):291-296.
[56] 原一平. 撼动人心的销售法[M]. 福州:福建科学技术出版社,1985:101-105.
[57] 岳在文,云梁,岳慧,等.《伤寒论》太阳病篇条文编次组合串解[J]. 中医药学刊, 2005,(8): 1380-1383.
[58] 曾凤. 新雕孙真人千金方校注[M]. 北京:学苑出版社,2012:4.
[59] 曾令华. 行动学习法在企业的运用[J]. 中国人力资源开发, 2010(5):52-54.
[60] 章迪诚. 管理学和管理教学的理性思考——兼论管理工艺学的学科架构[J]. 贵州社会科学,2007(11):36-42.
[61] 张建伟. 企业内部培训方法的比较和选择[J]. 经济管理, 2001(13): 79-80.
[62] 张新平. 巴纳德组织理论研究[J]. 广西经济管理干部学院学报, 2000(4): 30-34.
[63] 张毅,李龙辉. 社会智力研究述评[J]. 上海教育科研,2005(8):16-20.

[64] 张玉利. 管理教育不同层次的教学重点与方法分析[J]. 南开管理评论，1999(6):17-19.

[65] 张自慧."克己复礼为仁"的因果必然性及其现代意义[J]. 孔子研究，2011(5):4-10.

[66] 赵纯均,雷斌,杨斌. 中国管理教育报告[M]. 北京:清华大学出版社，2003:63-64.

[67] 赵晶. 公司治理——原理与案例[M]. 北京:中国人民大学出版社,2021:8.

[68] 赵曙明,白晓明,赵宜萱. 转型经济背景下我国企业家胜任素质分析[J]. 南京大学学报(哲学·人文科学·社会科学),2015(2):25-35.

[69] 仲继银. 德国的企业职工委员会与劳资共决制度[J]. 中国新时代,2013(2):84-86.

[70] 周三多,陈传明. 管理学(第三版)[M]. 北京:高等教育出版社，2010.3：13-14,17,18-20,16.

[71] 周三多,陈传明. 管理学(第五版)[M]. 北京:高等教育出版社,2018:262.

[72] 周文彰. 思维逻辑的来源和本质[J]. 中州学刊,1989(1):41-45,53.

[73] 周炽成. 先秦有法家吗?——兼论"法家"的概念及儒法关系[J]. 哲学研究,2017(4):48-55.

[74] 朱承."愉悦"何以可能?——《论语》首章新析[J]. 现代哲学,2013(1):101-106.

[75] 朱桂平. 商科大学生学习状况的调查分析与对策[J]. 黑龙江高教研究，2009(5):127-129.

[76] 朱华桂. 也谈管理学案例教学[J]. 江苏社会科学，2007(教育文化版)：164-166.

[77] Athanasopoulou A., Dopson S. A systematic review of executive coaching outcomes：Is it the journey or the destination that matters the most? [J]. The Leadership Quarterly,2018(1):70-88.

[78] Berglas S. The very real dangers of executive coaching. Harvard Business Review, 2002(6): 85-92.

[79] Bunning C. Turning experience into learning [G]//Action Learning at Work[M]. Gower Publishing Limited, 1997: 89-100.

[80] Butcher D., Harvey P. Meta-ability development: A new concept for career development [J]. Career Development International, 1998, 3(2): 75-83.

[81] Chia R., Holt R. The nature of knowledge in business schools [J]. Academy of Management learning and education, 2008, 7(4): 471-486.

[82] Collins J. Level 5 leadership [J]. Harvard Business Review, 2001(1): 68-76.

[83] Conger J., Toegel G. Action learning and multi-rater feedback as leadership development interventions: Popular but poorly deployed [J]. Journal of Change Management, 2003, 3(4): 332-348.

[84] Detrick G. (interviewer). Russell L. Ackoff [J]. Academy of Management Learning and Education, 2002, 1(1): 56-63.

[85] Donaldson L. Damned by our own theories: contradictions between theories and management education [J]. Academy of Management learning and education, 2002, 1(1): 96-106.

[86] Garavan T.N, Barnicle B., O' Suilleabhain F. Management development: contemporary trends, issues and strategies [J]. Journal of European Industrial Training, 1999(5): 191-207.

[87] Goleman D. Leadership that gets results [J]. Harvard Business Review, 2000(3): 78-90.

[88] Goleman D. What make a leader? [J]. Harvard Business Review, 1998(6): 93-102.

[89] Hogan R., Warrenffltz R. Educating the modern manager [J]. Academy of Management Learning and Education, 2003, 2(1): 74–84.

[90] Katz R.L. Skills of an effective administrator [J]. Harvard Business Review, 1955, 33(1/2): 33-42.

[91] King E., et al. Coaching for leadership wisdom [J]. Organizational Dynamics, 2022(51): 1-10.

[92] Liz B., Tom B., Paul F. Action learning: reflections on becoming a set member [J]. Management Education and Development, 1993, 24(4): 350-367.

[93] Locke E.A. The epistemological side of teaching management: teaching through principles [J]. Academy of Management Learning and Education, 2002, 1(2): 195–205.

[94] Maccoby M. Narcissistic leaders [J]. Harvard Business Review, 2000, 1: 69-77

[95] Margaret R. The use of written reports in action learning programme or more traditional management development courses [J]. Training & Management Development Methods, 1995, 19(2): 101-109.

[96] Miller P. Workplace learning by action learning: a practical example [J]. Journal of Workplace Learning, 2003, 15(1): 14-23.

[97] Miner, J. B. The validity and usefulness of theories in an emerging organizational science [J]. Academy of Management Review, 1984(9) : 296-306.

[98] Mintzberg H., Gosling J. Educating managers beyond borders. Academy of Management Learning and Education, 2002. 1(1): 64-75.

[99] Mumford A. Encyclopaedia of management development and organizational change methods [J]. Industrial and Commercial Training, 2002, 34(2): 83.

[100] Mumford A. Action learning as a vehicle for learning [G]//Action learning at Work [M]. Gower Publishing Limited, 1997a: 3-24.

[101] Mumford A. Learning logs//Action learning at Work [M]. Gower Publishing Limited, 1997b: 136-139.

[102] Mumford M.D., Todd E.M., Higgs C., McIntosh T. Cognitive skills and leadership performance: The nine critical skills [J]. The Leadership Quarterly, 2017(28): 24-39.

[103] Naghi R.A., et al. Case-method teaching: advantages and disadvantages in organizational training [J]. Journal of Management Development, 2018 (9/10): 711-720.

[104] Pedler M., Burgoyne j., Boydell T. A manager's guide to self-development, 4rd Edition [M]. England: McGRAW-HILL Book Company, 2001: 23-27.

[105] Peddler M. Action Learning For Managers [M]. London: Lemos & Crane, 1996: 13; 44-48;31-32.

[106] Rausch E., Sherman H., Washbush J.B. Defining and assessing competencies for competency-based, outcome-focused management development [J]. The Journal of Management Development, 2002, 21(3/4): 184-200.

[107] Rees W.D., Porter C. The use of case studies in management training and development, Part 1 [J]. Industrial and Commercial Training, 2002, 34(1): 5-8.

[108] Rees W.D., Porter C. The use of case studies in management training and development, Part 2 [J]. Industrial and Commercial Training, 2002, 34(3): 106-110.

[109] Reida A., et al. Developing management effectiveness: The nexus between teaching and coaching [J]. The International Journal of Management Education, 2020(18):1-13.

[110] Revans R. ABC of Action Learning [m]. London: Lemos & Crane, 1998: 3-17.

[111] Robbins S.P, Coulter M. Management(11th ed.) Prentice Hall,2012: 30.

[112] Rosie Gr. Using reflective reports to improve the case method [J]. The Journal of Management Development, 2002, 21(7/8): 589-597.

[113] Salovey, P., Mayer, J. D. Emotional Intelligence [J]. Imagination, Cognition and Personality, 1990(9): 185-211.

[114] Scott K.S. An integrative framework for problem-based learning and action learning: promoting evidence-based design and evaluation in leadership development [J]. Human Resource Development Review, 2017(1): 3-34.

[115] Sims D. Work-based learning: the new frontier of management development [J]. Management Learning, 2000, 31(3): 375-378.

[116] Smith L., Sandstrom J. Executive leader coaching as a strategic activity [J]. Strategy & Leadership, 1999, 27(6): 33-36.

[117] Smith P.A.C., O'Neil J. A review of action learning literature 1994-2000: Part 1 - bibliography and Comments [J]. Journal of Workplace Learning, 2003, 15(2) : 63-69.

[118] Sutton D. In Search of P* [G]//Action learning at Work[M]. Gower Publishing Limited, 1997: 55-61.

[119] Thach E.C. The impact of executive coaching and 360 feedback on leadership effectiveness [J]. Leadership & Organization Development Journal, 2002, 23 (3/4): 205-214.

[120] Thompson J. D. On building an administrative science [J]. Administrative Science Quarterly, 1956(1): 102–111.

[121] Vermeulen F. On rigor and relevance: fostering dialectic progress in management research [J]. Academy of Management Journal, 2005(6): 978–982.

[122] Wales S. Why coaching? [J]. Journal of Change Management, 2003, 3 (3): 275-282.

[123] Zabiegalski E., Marquardt M.J. Action learning and the ambidextrous organization [J].Journal of Work-Applied Management, 2022 (2): 170-183.